Gärtnern ohne Garten

besser gärtnern

Gärtnern ohne Garten

Jo Whittingham

DORLING KINDERSLEY

DORLING KINDERSLEY
London, New York, Melbourne, München und Delhi

Cheflektorat Penny Warren
Projektbetreuung Zia Allaway
Bildredaktion Alison Donovan, Vicky Read
Bildrecherche Lucy Claxton, Susie Peachey
Fotos Peter Anderson, Brian North
Herstellung Andy Hilliard

Cheflektorat der RHS Rae Spencer-Jones
Redaktion der RHS Simon Maughan

Für die deutsche Ausgabe:
Programmleitung Monika Schlitzer
Projektbetreuung Manuela Stern
Herstellungsleitung Dorothee Whittaker
Herstellung Mareike Hutsky
Covergestaltung Margret Hiebler

Bibliografische Information der Deutschen Bibliothek
Die Deutsche Bibliothek verzeichnet diese Publikation
in der Deutschen Nationalbibliografie;
detaillierte bibliografische Daten sind im Internet
über http://dnb.ddb.de abrufbar.

Titel der englischen Originalausgabe:
Vegetable and fruit in pots

© Dorling Kindersley Limited, London, 2012
Ein Unternehmen der Penguin-Gruppe
Text © by Royal Horticultural Society

© der deutschsprachigen Ausgabe by
Dorling Kindersley Verlag GmbH, München, 2013
Alle deutschsprachigen Rechte vorbehalten

Übersetzung Wiebke Krabbe
Lektorat Elisabeth Bobinger

ISBN 978-3-8310-2342-4

Printed and bound in China

Besuchen Sie uns im Internet
www.dorlingkindersley.de

Inhalt

Jo Whittingham hat sich als Autorin und
Journalistin auf Obst- und Gemüseanbau spezialisiert.
In dieser Buchreihe ist von ihr der Titel *Gemüse selbst
anbauen* erschienen, außerdem schreibt sie eine
monatliche Kolumne für die Zeitung *The Scotsman*.

Das Auge isst mit

Kübel und Kästen sind eine fantastische Möglichkeit, um saftiges Obst, knackiges Gemüse und würzige Kräuter anzupflanzen. Außerdem sehen viele Nutzpflanzen mit ihrem üppigen Laub, den hübschen Blüten und den farbenfrohen oder interessant geformten Früchten so dekorativ aus, dass sie sich mit Gartenblumen durchaus messen können. Wenn Sie es noch bunter mögen, planen Sie einige Blumensorten mit essbaren Blüten ein, vielleicht Veilchen oder Kapuzinerkresse. Natürlich werten auch attraktive Pflanzgefäße, in denen die Nutzpflanzen stilvoll präsentiert werden, Balkon oder Terrasse auf. In diesem Kapitel finden Sie viele Gestaltungsideen für Pflanzen in Kübeln, die das Auge ebenso begeistern wie den Gaumen.

Ernte auf Balkon und Terrasse

Wenn Sie Ihr Obst und Gemüse in hübsche, originelle Gefäße setzen, werden Balkon oder Terrasse farbenfroh und Sie bekommen eine reiche Ernte – Sonne vorausgesetzt. Etliche Sorten können Sie frisch aus dem Kübel geerntet essen.

Abbildungen im Uhrzeigersinn von links

Vitamine von der Terrasse. Senkrechte Flächen werden oft vergessen, dabei kann man beispielsweise Brombeeren und andere Kletterpflanzen gut an Zäunen und Wänden ziehen. So entwickeln sie sich zu stattlicher Größe, ohne viel Platz einzunehmen. Die Sortenvielfalt auf dieser Terrasse stellt sicher, dass lange Zeit etwas geerntet werden kann. Gemischte Pflücksalate, die schon sechs Wochen nach der Aussaat erntereif sind, wetteifern hier mit rankender Kapuzinerkresse um Aufmerksamkeit. Säen Sie von Frühling bis Herbst alle zwei Wochen nur einige Salatpflanzen, damit Sie fortlaufend kleinere Mengen ernten können. Knollensellerie ist im Herbst reif, bis dahin sehen die Blätter, die übergroßer Petersilie ähneln, schön aus. Frostverträgliche Gemüsesorten wie Grünkohl sorgen dafür, dass der Kübelgarten auch im Winter nicht kahl aussieht.

Zitrusbäumchen verbreiten Urlaubsstimmung, brauchen aber einen geschützten Sonnenplatz, ebenso Rosmarin. Frostempfindliche Gewächse sind ideal für die Kübelpflanzung, weil man sie im Herbst ins Haus holen und im Frühling wieder ins Freie stellen kann. Pfirsiche, Aprikosen und Feigen brauchen auch einen sonnigen Standort, sind aber robuster und können bei entsprechenden Schutzmaßnahmen in gemäßigten Regionen ganzjährig im Freien bleiben.

Eine alte Trittleiter schafft auf kleinem Raum Stellfläche für Pflanzgefäße mit Kräutern, Obst und Gemüse. Hier wurden ideenreich rustikale Tontöpfe und leere Blechdosen mit Petersilie, Thymian, Veilchen und zwergwüchsigen Chilipaprika bepflanzt, andere Sorten würden sich aber ebenso gut eignen. Probieren Sie es mit Kirschtomaten, Erdbeeren und Salat, oder lassen Sie Bohnen und Zucchini an der Leiter hochklettern. Die Töpfe sollten Sie absturzsicher befestigen. Kletterpflanzen müssen gelegentlich angebunden werden.

Große Gefäße für gute Ernte

Kübel und Kästen können überall ein schöner Blickfang sein und zusätzlichen Raum für Nutzpflanzen schaffen. Wenn der Boden nährstoffarm ist, bietet spezielle Topferde oft bessere Bedingungen.

Abbildungen im Uhrzeigersinn von links

Obstbäume fühlen sich in großen Kübeln oder Kästen wohl und lenken in kleinen Gärten den Blick in die Höhe. Hier bildet eine Reihe Pfirsichbäumchen mit einer Unterpflanzung aus Pflücksalat einen Sichtschutz, der Schatten spendet und saftige Früchte trägt. Viele Obstbäume sind mit ihren hübschen Blüten und den leckeren Früchten im Kübel eine Attraktion. Man kann sie auch als Spalierobst an einem Zaun oder einer Wand ziehen, um jeden Platz auszunutzen. Kübelobst muss regelmäßig bewässert werden, damit es reichlich Früchte trägt.

Sogar an Pergola-Pfosten lässt sich Platz für Nutzpflanzen gewinnen. Erdbeeren sind für solche »Höhenlagen« wie geschaffen: Schnecken und Vögel kommen nicht so leicht heran, und wenn die Früchte in Augenhöhe über den Topfrand hängen, laden sie zum Naschen im Vorbeigehen ein. Kleine Gefäße müssen täglich gegossen werden, weil die Erde schnell austrocknet.

Gemüsekübel sehen besonders schön aus, wenn ihre Farben und Formen auf die benachbarten Zierpflanzen abgestimmt sind. Hier heben sich silbrig-blaue Kohlrabiblätter und marmorierte Minze gegen das dunkelgrüne Laub des Selleries und der Sträucher im Hintergrund ab. Stellt man Kübel mit Nutzpflanzen zwischen Blumen, finden sich mehr Insekten zur Bestäubung ein, und Schädlinge haben es etwas schwerer, sie zu finden.

Für eine moderne Gestaltung sind solche großen Kästen aus verzinktem Metall eine gute Wahl. Mit einer bunten Mischung aus Blattgemüse, Kräutern und Stangenbohnen, die an Spiralstäben in die Höhe klettern, sehen sie sehr attraktiv aus. Die hohen Kästen lenken den Blick in die Höhe, außerdem müssen sie wegen ihres großen Volumens seltener gegossen werden als kleine Kübel. Damit die kantigen Kästen nicht zu nüchtern wirken, wurden an ihrem Fuß Kräuter gepflanzt. Die rosa Kugelblüten von Schnittlauch heben sich vor dem silbrigen Metall besonders schön ab.

Kein Platz? Kein Problem!

Auch auf einem sonnigen Balkon oder im Blumenkasten am Fenster kann man erstaunlich viel ernten. Achten Sie aber darauf, dass Kübel und Kästen sturmsicher befestigt sind.

Abbildungen im Uhrzeigersinn von links

Blumenkästen wie dieses moderne Modell aus verzinktem Metall können auch an der Hauswand befestigt werden, und wenn sie tief genug sind, gedeihen darin viele Obst- und Gemüsearten. Hier leuchten hängende Kirschtomaten und kleine Chilipaprika mit den dazwischen gepflanzten Blüten um die Wette. Diese Pflanzen brauchen viel Sonne. Weil Wärme und Wind die Erde schnell austrocknen, muss im Sommer mindestens einmal, besser zweimal täglich gegossen werden.

Pflanzsysteme für die Wand sind eine tolle Raumsparlösung, und der grüne Teppich mit leckeren Früchten sieht hinreißend aus. Taschen aus einem Spezialgewebe werden an einer Rahmenkonstruktion befestigt, mit Erde gefüllt und bepflanzt. Sie können die Pflanzen von Hand gießen und düngen oder ein Bewässerungssystem installieren.

Hohe Maispflanzen sind ein witziger Sichtschutz für Balkon oder Terrasse. Um knackige Maiskolben zu ernten, sollten Sie große, tiefe Kübel oder Kästen wählen und die Pflanzen der Bestäubung wegen als Gruppe anordnen.

Beerensträucher in dekorativen Kübeln sind ein Schmuck für Balkon oder Terrasse und tragen je nach Sorte vom Sommer bis in den Herbst farbenfrohe, leckere Früchte. Schwarze und Rote Johannisbeeren, Himbeeren und Heidelbeeren wachsen zu stattlichen Sträuchern heran, die auch etwas Wind- und Sichtschutz bieten. Stachellose Brombeeren sehen an einem Spalier oder einem Brüstungsgitter toll aus.

Rustikale Holzkästen, exakt passend für jeden Fenstersims, sind einfach zu bauen. Legen Sie den Kasten mit dicker Plastikfolie aus, die am Boden mehrmals eingestochen wird, streuen Sie eine Dränageschicht und pflanzen Sie mit gutem Substrat eine bunte Mischung aus blühenden Kräutern und Salaten hinein. Kompakter Thymian, hellgrüner Majoran und eleganter Estragon fühlen sich an einem sonnigen Fenster wohl. Das Kupferband sieht dekorativ aus und hält gefräßige Schnecken auf Abstand.

Nutzpflanzen in Hochbeeten

Hochbeete sind leicht anzulegen, bequem zu pflegen, und sie bieten auf wenig Raum Platz für viele Pflanzen. Selbst auf Balkon oder Terrasse kann man erfolgreich gestalten und ernten.

Abbildungen im Uhrzeigersinn von oben links

Hochbeete mit einer hohen Einfassung aus robustem Holz sehen rustikal aus und eignen sich für viele verschiedene Nutzpflanzen. Sie fassen eine große Menge Erde, die nicht so schnell austrocknet und köstlichen Kirschtomaten vollauf genügt. Weil sich die Erde schnell erwärmt, fühlen sich auch Sonnenkinder wie Basilikum darin wohl. In tiefen Beeten gedeiht Wurzelgemüse.

Säcke mit gebrauchsfertig gedüngter Erde eignen sich für kleine Balkons oder Terrassen, auf denen der Platz knapp ist und nur im Sommer Gemüse gezogen werden soll. Sie sind preiswert, in verschiedenen Größen zu kaufen, und lassen sich bei Bedarf auch schnell umräumen. In die Unterseite müssen Sie vor dem Bepflanzen Dränagelöcher stechen. Versteckt man die Säcke hinter Beetkanten aus Weidengeflecht, die man im Fachhandel kaufen kann, wirken sie fast wie Bauerngarten-Beete. In größeren Säcken gedeihen hohe Pflanzen wie Gemüsemais, kletternde Kürbissorten oder Bohnen gut. Für kleine Säcke sind Kräuter und bunte Blattsalate eine gute Wahl. Wenn die Pflanzen am Ende der Saison abgeerntet sind, können Sie die Erde auf den Kompost geben, die Säcke verwenden Sie im nächsten Jahr erneut.

Gemüsearten, die viel Wärme brauchen, fühlen sich in einem Hochbeet vor einer Südwand oder einem Zaun wohl. Pflanzen wie Paprika und Auberginen, die man normalerweise im Gewächshaus oder im Haus auf der Fensterbank kultivieren müsste, gedeihen in einem sonnigen, geschützten Hochbeet. Den idealen Hintergrund gibt eine Mauer aus Ziegelsteinen ab, die nicht nur tagsüber Wärme reflektieren kann, sondern auch Hitze speichern und während der Nacht abgeben, was den exotischen Gemüsearten ausgesprochen gut bekommt. Weil sich die Erde in einem Hochbeet in Südlage schnell erwärmt, eignet es sich auch gut zur Pflanzung von Frühlingsgemüse und zur Anzucht aus Samen. Der einzige Nachteil besteht darin, dass die Erde durch die Wärme schnell austrocknet und oft gegossen werden muss.

Nutzpflanzen und Blumen

Obst- und Gemüsepflanzen sehen attraktiv aus, in Kombination mit Blumen sind sie ein absoluter Hingucker. Die Blüten kann man als Dekoration verwenden, manche sogar essen.

Abbildungen im Uhrzeigersinn von links

Ein schöner Farbtupfer für Gefäße mit Gemüsepflanzen ist eine Randbepflanzung mit blühenden Kräutern, wie hier Schopflavendel (*Lavandula stoechas*). Die Blüten spiegeln die Form der großen Maispflanzen im Hintergrund und beleben die Kartoffeln, die allein etwas langweilig aussehen. Einjährige Blumen wie Verbenen und Salvien (*Salvia coccinea*) wären eine gute Alternative, weil sie – genau wie viele Gemüsearten – viel Sonne brauchen und jedes Jahr neu gepflanzt werden. Ihre leuchtenden Farben passen zu Blatt- und Fruchtgemüse. Duftende Studentenblumen (*Tagetes*) vertreiben Schädlinge. Kletternde Bohnen sehen in Gesellschaft von Duftwicken bezaubernd aus.

Nutzpflanzen und Blumen in rustikalen Gefäßen sehen sehr natürlich aus. Hier bilden Walderdbeeren einen lockeren Rand in Hochbeeten, die im vorigen Leben Weinkisten waren. Die weißen Blüten und die heranreifenden Früchte schauen zwischen den Kartoffeln hervor, und im Gegensatz zu anderen Erdbeersorten vertragen Walderdbeeren den Schatten, den ihre höheren Nachbarn werfen. Obstbäume und -sträucher, die jahrelang in ihren Kübeln bleiben, könnten Sie mit blühenden Stauden unterpflanzen, die im Zeitraum zwischen Obstblüte und Ernte blühen, etwa blaue Katzenminze (*Nepeta*) oder rosa Storchschnabel (*Geranium cinereum*). Immergrüne Purpurglöckchen (*Heuchera*), die es inzwischen in mehreren Farben gibt, sind eine schöne Unterpflanzung für Brombeeren oder Feigen.

Decken Sie den Tisch mit einer essbaren Wiese aus Kräutern, Salaten und würzigen Blüten. Dieser Pflanzkasten ist in die Tischplatte eingehängt, ebenso hübsch sieht aber auch ein Kasten aus, der einfach auf dem Tisch steht. Kapuzinerkresse, Ringelblumen und Veilchen haben dekorative und essbare Blüten. Kräuter wie Thymian, Majoran und Schnittlauch regen mit ihren duftenden Blättern den Appetit an. Wichtig ist, dass der Kasten Dränagelöcher hat und genug Erde für die Pflanzen fasst. Das feuchte Substrat ist recht schwer. Prüfen Sie vorsichtshalber, ob Ihr Tisch das Gewicht tragen kann.

Pflanzen unter Glas

Wer ein kleines Gewächshaus oder
einen Frühbeetkasten hat, kann früher mit der Aussaat von Gemüse und
Kräutern beginnen und dadurch seine
Erträge deutlich erhöhen.

Abbildungen im Uhrzeigersinn von oben links
In einem winzigen Gewächshaus sollte jeder Quadrat-
zentimeter optimal genutzt werden. Tomaten, Chili- und
Gemüsepaprika sowie Auberginen werden in Töpfen
herangezogen. Hängen Sie eine oder zwei Ampeln für
Erdbeeren auf, die unter Glas früher reif sind. Lassen Sie
Platz für Aussaatschalen. Im Sommer sollten Sie Tür und
Lüftungsklappen morgens öffnen, um die Luftzirkulation
zu verbessern und Überhitzung zu vermeiden. Bei schlech-
ter Belüftung steigt das Risiko von Pflanzenkrankheiten
an. Abends wird das Gewächshaus geschlossen, um die
Tageswärme zu speichern. Zum Schutz vor allzu greller
Sonne zwischen Frühjahr und Frühherbst sind Jalousien
oder ein Anstrich mit schattierender Farbe sinnvoll. Für
Sommergemüse und Wintersalate ist eine Heizung nicht
notwendig. Wenn Sie im Gewächshaus Zitrusbäumchen
überwintern möchten, muss es aber frostfrei sein. Sorgen
Sie für Isolierung und bauen Sie eine Elektroheizung mit
Thermostatregelung ein. Gas- oder Petroleumöfen sind
wegen der Abgase nicht zu empfehlen.
Ein Frühbeet nimmt wenig Platz ein, schützt aber junge
Pflanzen vor Kälte und Nässe. Stellen Sie es an einem
hellen Platz vor einer sonnigen Wand auf und nutzen Sie
es zur Aussaat, zum Abhärten von Jungpflanzen oder für
Kürbis und anderes Gemüse, das es gern warm hat. Tags-
über den Deckel zur Belüftung öffnen und abends wieder
schließen.
Um im Gewächshaus Platz zu sparen, wurden die
Tomaten in versetzten Reihen in die Kästen gepflanzt.
Gurken und andere hohe Pflanzen müssen Sie regel-
mäßig anbinden, damit die Luft gut zirkuliert und die
Früchte genug Licht zur Reifung bekommen. Eine Etage
tiefer wachsen Kräuter und Erdbeeren.
Ein Anlehn-Gewächshaus findet auf dem Balkon oder
der Terrasse Platz. Preiswerte Modelle bestehen aus einem
Rohrgestell mit einer Abdeckung aus stabiler, transparen-
ter Kunststofffolie, teurere haben Rahmen aus Holz oder
Metall und Wände und Regalböden aus Glas.

Erste Schritte

Um Obst, Gemüse und Kräuter in Kübeln selbst zu ziehen, brauchen Sie nur einige Grundkenntnisse. Schwieriger ist es, aus dem riesigen Angebot an Arten und Sorten, das der Fachhandel bereithält, eine Auswahl zu treffen. Dann müssen Sie noch entscheiden, ob Sie Ihre Pflanzen aussäen möchten oder lieber Jungpflanzen kaufen wollen. Damit die Pflanzen prächtig gedeihen, schön aussehen und gute Erträge bringen, brauchen sie die richtige Erde und geeignete Gefäße. Im folgenden Kapitel erfahren Sie alles, was Sie für den erfolgreichen Obst- und Gemüseanbau in Kübeln und Kästen wissen müssen. Und unser Anbauplaner zum schnellen Nachschlagen sagt Ihnen, wann Sie am besten pflanzen und säen, und, vor allem, wann die Ernte zu erwarten ist.

Praktisch planen

Wer wenig Platz hat und dennoch möglichst rund ums Jahr ernten möchte, kommt nicht ganz ohne Planung aus. Für Obst und Gemüse nach Ihrem Geschmack müssen Sie den richtigen Standort finden. Außerdem sollten Sie sich einige praktische Gerätschaften anschaffen.

Der Standort

Der Vorteil von Kübeln ist, dass man sie leicht umstellen kann – von der Sonne in den Schatten, von drinnen nach draußen, von einem windigen an einen geschützten Platz. Viele Nutzpflanzen brauchen einige Stunden volle Sonne und regelmäßige Fürsorge, denn: Sonne lässt zwar Früchte reifen, aber sie trocknet auch die Erde aus und lässt Blattgemüse schnell welken. Auch Wind entzieht der Erde Feuchtigkeit. Er kann Pflanzen beschädigen oder Töpfe umwerfen, darum ist ein windgeschützter Platz sehr empfehlenswert.

Auf einer sonnigen Fensterbank kann man ganzjährig ernten. Zitrusbäumchen brauchen im Winter einen kühlen Platz im Haus, sollten im Sommer aber im Freien stehen. Jungpflanzen hinter einem Südfenster müssen im Sommer vor greller Sonne geschützt oder an ein Nord- oder Ostfenster gestellt werden. Achten Sie auch auf gute Belüftung.

Das wichtigste Zubehör

Für den Anbau in Kübeln oder Töpfen brauchen Sie nur wenig Zubehör, schließlich muss ja der Boden nicht bearbeitet werden. Schaffen Sie sich eine Handschaufel und eine Handgabel zum Pflanzen und Jäten an, außerdem eine Rosenschere zum Beschneiden und Ausputzen. Wichtig ist eine Gießkanne mit feinem Brausevorsatz, die die Anzuchterde nicht wegschwemmt. Für Töpfe mit Sämlingen ist eine kleine Gießkanne praktisch.

Kübel und Kästen in verschiedenen Größen gibt es in Gärtnereien und Baumärkten. Sie können aber auch andere Gefäße umfunktionieren, wenn Sie Dränagelöcher in den Boden bohren. Kleine Töpfe, Kästen und Schalen sind für die Anzucht aus Samen notwendig.

Kaufen Sie gute Erde und denken Sie auch an Schildchen, Schnur oder Draht, Abdeckglocken, Vlies, Netz und Stäbe, Metallspiralen oder Stangenzelte aus Holz zum Anbinden höher wachsender Pflanzen.

Früchte reifen gut vor einer sonnigen Mauer, die Wärme reflektiert.

Am Anfang nützlich: Kästen, Schildchen und eine Gießkanne.

Obst und Gemüse für alle Jahreszeiten

Damit Ihr Balkon oder Ihre Terrasse immer schön aussieht, pflanzen Sie verschiedene Arten und Sorten. Sorgen Sie für Nachschub an Jungpflanzen, mit denen Sie ältere Pflanzen, die keine Erträge mehr bringen, ersetzen können. Das ist kein Problem, wenn Sie einige Pflanzen im Haus oder im Frühbeet heranziehen.

Wer fortlaufend oder ganzjährig ernten will, muss vorausschauend denken. Überlegen Sie zuerst, was Sie gern essen möchten. Dann finden Sie heraus, wann diese Sorten gepflanzt und geerntet werden. Wählen Sie dazu einige Sorten, die Lücken im Beet füllen und den Speisezettel bereichern. Kombinieren Sie Pflanzen wie Zucchini, mehrjährige Kräuter und Mangold, die über Wochen geerntet werden können, mit schnell wachsenden Arten. Radieschen und Salate sind in wenigen Wochen erntereif. Am besten sät man alle zwei Wochen einige Samenkörner in Lücken zwischen langsam wachsenden Pflanzen.

In kühlen Lagen kann man länger ernten, wenn man die Pflanzen vor Kälte und Nässe schützt. Im Haus oder Gewächshaus kann die Aussaat früher beginnen.

Vlies und Frühbeetkästen bieten in kalten Frühlings- und Herbstnächten vielen Pflanzen ausreichend Schutz, und Tomaten gedeihen in unbeständigen Sommern im ungeheizten Gewächshaus. Salat, Kräuter und Zitrusfrüchte kann man sogar im Haus am Fenster ziehen, um die Erntezeit zu verlängern.

Frühling

Viele Pflanzen sät man im Vorfrühling, einige haben drinnen überwintert und werden jetzt geerntet. Am Ende des Frühlings sind die ersten schnell wachsenden Pflanzen draußen erntereif.

Ernten (z. B.):
- Rosmarin (überwintert)
- Radieschen
- Erbsen
- Salat
- Rhabarber
- Kräuter
- Keimsprossen

Sommer

Jetzt reifen auch manches Obst und das junge Gemüse sowie Kräuter. Säen Sie von schnell wachsenden Sorten alle zwei Wochen einige Samenkörner aus, um immer Nachschub zu haben.

Ernten (z. B.):
- Chili- und Gemüsepaprika
- Erdbeeren
- Stachelbeeren
- Zucchini
- Tomaten
- Möhren
- Bohnen

Herbst und Winter

Im Herbst reifen viele Sorten, die sich gut einlagern lassen. Wintergemüse kann im Freien, im Gewächshaus oder an einem kühlen, hellen Platz im Haus geerntet werden.

Ernten (z. B.):
- Brombeeren
- Äpfel und Birnen
- Kartoffeln
- Lauch
- Grünkohl
- Chicorée
- Rote Bete

Saatgut und Jungpflanzen wählen und kaufen

Früher zog man Gemüse normalerweise aus Samen heran, heute bieten Gärtnereien und Gartencenter eine große Auswahl von vorgezogenen Jungpflanzen an. Wofür Sie sich entscheiden, hängt davon ab, was Sie ernten möchten, wie viel Platz Sie haben und wie viel Zeit und Geld Sie investieren möchten.

Saatgut

Die Anzucht aus Samen ist meist einfach und macht Spaß. Saatgut kann man in Gärtnereien und im Internet-Versandhandel kaufen oder von eigenen Pflanzen, die blühen durften, sammeln. Wer Saatgut kauft, hat eine enorme Auswahl an Arten und Sorten, die sich in Größe, Wuchsform, Farbe und Krankheitsresistenz unterscheiden. Kartoffeln zieht man aus Pflanzkartoffeln, Zwiebeln und Schalotten kann man säen oder aus Steckzwiebeln ziehen.

- **Welche Sorten?** Jedes Gemüse, aber vor allem Wurzelgemüse sollten Sie aussäen. Die einzige lohnende Obstsorte für die Aussaat ist die Walderdbeere.
- **Vorteile** Saatgut ist preiswert und hält sich meist mehrere Jahre. Ideal für Folgesaaten.
- **Nachteile** Sie brauchen Zeit, Anzuchtkästen oder kleine Töpfe und, vor allem für kälteempfindliche Sorten, genügend Platz zur Anzucht im Haus.

Sämlinge

Diese sehr jungen Pflanzen werden zu mehreren in kleinen Schalen angeboten. Sie sind teurer als Samen und bieten sich an, wenn die Anzucht von Saatgut aus Platz- oder Zeitgründen nicht geht. Allerdings sind die Pflänzchen empfindlich. Sie müssen bald nach dem Einkauf in Einzeltöpfe gesetzt und regelmäßig bewässert werden. Wer Sämlinge bestellen möchte, sollte sie gleich nach Erhalt auf Unversehrtheit prüfen.

- **Welche Sorten?** Viele Gemüsesorten sind im Handel erhältlich, zum Beispiel Salate, Mangold, Sellerie und verschiedene Kohlsorten.
- **Vorteile** Weniger Zeit- und Platzbedarf als für die Aussaat. Selbst größere Stückzahlen sind erschwinglich.
- **Nachteile** Geringere Sortenauswahl als bei Saatgut. Die Pflanzen müssen umgetopft und vorsichtig abgehärtet werden, um sie an den neuen Standort zu gewöhnen.

Saatgut ist in großer Auswahl für wenig Geld zu bekommen.

Sämlinge sind teurer, sparen aber Zeit und Platz.

Jungpflanzen

Gärtnereien, aber auch Internet-Versandhändler bieten größere Jungpflanzen in Einzeltöpfen an – ideal für Arten, die aus Samen nur schwer anzuziehen sind. Wenn Sie nur ein Exemplar einer Sorte pflanzen möchten oder je eins von verschiedenen Tomatensorten, ist der Einkauf von Jungpflanzen sinnvoll. Wählen Sie kräftige Pflanzen, die gesund aussehen und kräftige grüne, pralle Blätter haben. Schauen Sie sich möglichst auch die Wurzeln an: Wenn Sie verfilzt aussehen, lassen Sie die Pflanze lieber stehen bzw. schneiden Sie zurück. Sobald die Witterung es erlaubt, die Pflanzen abhärten und auspflanzen.

● **Welche Sorten?** Empfehlenswert sind Erdbeeren und Rhabarber sowie Fruchtgemüse wie Tomaten, Chili- und Gemüsepaprika, Gurken und Auberginen.
● **Vorteile** Die beste Lösung, wenn Sie nur ein oder zwei Exemplare benötigen. Vor allem: Jungpflanzen sind ideal, wenn Sie keinen Platz für die Anzucht wärmeliebender Pflanzen haben: Sie kaufen Sie einfach, wenn die Außentemperaturen es erlauben.
● **Nachteile** Die Sortenauswahl ist relativ beschränkt, und die Pflanzen sind etwas teurer als Sämlinge und Samen. Manche müssen abgehärtet werden, bevor sie in Kübel im Freien umziehen können. Wer im Haus wenig Platz hat, sollte seine Jungpflanzen darum nicht zu früh einkaufen.

Bäume und Sträucher

Obstgehölze werden oft in Containern herangezogen. Baumschulen ziehen sie auch in Feldkulturen, wo sie während des kalten Jahreszeit ausgegraben und »wurzelnackt« verkauft oder verschickt werden. Wurzelnackte Gehölze pflanzt man während der Ruhezeit vom Winteranfang bis ins zeitige Frühjahr. In Gartencentern wird hauptsächlich Containerware angeboten, die ganzjährig gepflanzt werden kann. Für die Pflanzung im Kübel eignen sich nur Bäume, die auf einer kleinwüchsigen Unterlage veredelt wurden (siehe S. 64–65). Wenn Sie nur ein Exemplar kaufen, muss es ein Selbstbestäuber sein. Anderenfalls benötigen Sie einen passenden Bestäubungspartner.

● **Welche Sorten?** Viele Obstbäume und -sträucher werden in Kübel-geeigneter Form angeboten. Wer schnellen Erfolg wünscht, kann gleich ein größeres Exemplar kaufen, das schon im Jahr nach der Pflanzung Früchte trägt.
● **Vorteile** Wurzelnackte Gehölze sind preiswerter, und die Sortenauswahl ist größer. Containergehölze sind leicht erhältlich, können jederzeit gepflanzt werden oder ein Weilchen in ihrem Gefäß bleiben.
● **Nachteile** Wurzelnackte Gehölze sind nur von Winter bis Frühling erhältlich und müssen sofort gepflanzt werden. Containerware ist teurer und die Sortenauswahl ist kleiner. Ältere Pflanzen haben manchmal verfilzte Wurzeln.

Wer nur wenige Pflanzen braucht, ist mit Jungpflanzen gut beraten.

Obstbäume und -sträucher kauft man am besten als Containerware.

Kübel, Kästen, Töpfe

Pflanzkübel können sehr schön aussehen oder einfach nur zweckmäßig sein. Wichtig ist, dass sie genug Erde fassen, um die Pflanzen mit Nährstoffen zu versorgen, und dass überschüssiges Wasser abfließen kann.

Terrakotta und glasierte Keramik steht vielen Nutzpflanzen gut. Terrakotta ist porös und entzieht der Erde Feuchtigkeit, glasierte Kübel trocknen nicht so schnell aus. Wegen des Gewichts geben sie höheren Pflanzen Standfestigkeit, sollten aber an Ort und Stelle bepflanzt werden. Kaufen Sie frostfeste Kübel, und legen Sie sie zusätzlich mit Luftblasenfolie aus.

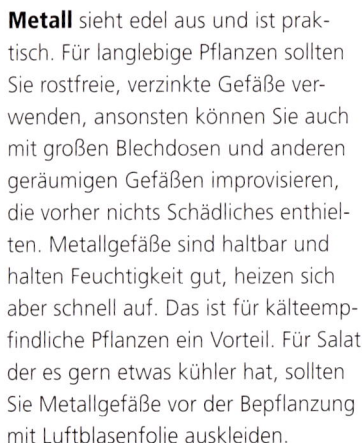

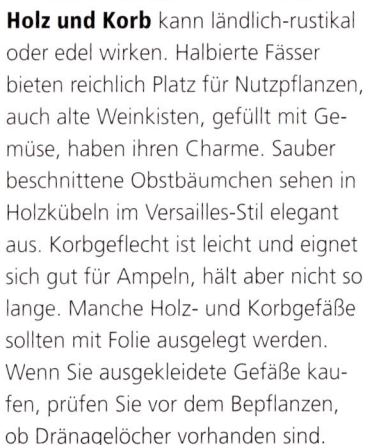

Kunststoff ist sehr haltbar, meist preiswert und für viele Nutzpflanzen gut geeignet. Sie können gebrauchte Pflanztöpfe wiederverwerten oder Eimer und Wannen bepflanzen, wenn Sie Löcher in den Boden bohren. Kunterbunte Plastikgefäße passen wunderbar auf modern gestaltete Terrassen. Sie sind leicht und lassen sich gut umstellen, eignen sich aber nicht für windige Plätze. Außerdem halten sie die Feuchtigkeit in der Erde, sodass die Pflanzen nicht so häufig gegossen werden müssen.

Metall sieht edel aus und ist praktisch. Für langlebige Pflanzen sollten Sie rostfreie, verzinkte Gefäße verwenden, ansonsten können Sie auch mit großen Blechdosen und anderen geräumigen Gefäßen improvisieren, die vorher nichts Schädliches enthielten. Metallgefäße sind haltbar und halten Feuchtigkeit gut, heizen sich aber schnell auf. Das ist für kälteempfindliche Pflanzen ein Vorteil. Für Salat, der es gern etwas kühler hat, sollten Sie Metallgefäße vor der Bepflanzung mit Luftblasenfolie auskleiden.

Holz und Korb kann ländlich-rustikal oder edel wirken. Halbierte Fässer bieten reichlich Platz für Nutzpflanzen, auch alte Weinkisten, gefüllt mit Gemüse, haben ihren Charme. Sauber beschnittene Obstbäumchen sehen in Holzkübeln im Versailles-Stil elegant aus. Korbgeflecht ist leicht und eignet sich gut für Ampeln, hält aber nicht so lange. Manche Holz- und Korbgefäße sollten mit Folie ausgelegt werden. Wenn Sie ausgekleidete Gefäße kaufen, prüfen Sie vor dem Bepflanzen, ob Dränagelöcher vorhanden sind.

Sparen Sie nicht an der Größe. Geräumige Kübel fassen mehr Erde, in ihnen stehen den Pflanzen also mehr Nährstoffe und Wasser zur Verfügung. Das spart Arbeit beim Gießen und Düngen. Kräuter wie Majoran und Thymian vertragen Trockenheit und gedeihen in kleineren Töpfen. Auch für Salate genügen kleinere Gefäße. Gehölze und Gemüse mit hohem Nährstoffbedarf, etwa Tomaten, Zucchini oder Kürbisse, brauchen große Kübel. Für Wurzelgemüse und Kartoffeln kommt es auch auf die Tiefe an.

Pflanzgefäße aller Art können für Nutzpflanzen verwendet werden. Tröge auf Beinen oder Gefäße auf einem Tisch machen das Säen und Pflanzen besonders bequem und eignen sich auch gut für Menschen mit eingeschränkter Beweglichkeit. Große Hängeampeln und tiefe Blumenkästen sind eine schöne Wahl für Tomaten, Kräuter oder Blumen, die über den Rand hängen. Und stabile Säcke aus farbigem Kunststoffgewebe sind praktisch für Zucchini oder Kartoffeln.

Vorbereitungen und Wahl der Pflanzerde

Damit Kübelpflanzen gut gedeihen, sollte das Gefäß sauber sein und Dränagelöcher haben. Die Erde muss gut auf ihre Bedürfnisse abgestimmt sein. Nehmen Sie sich für die Vorbereitungen etwas Zeit, dann werden sich die Pflanzen mit guten Erträgen bedanken.

Die Erde muss von guter Qualität und passend zu den Pflanzen sein.

Kübel vorbereiten

Vor dem Bepflanzen säubern Sie alle Kübel, auch ganz neue, mit heißem Seifenwasser. So beugen Sie Krankheiten vor. Damit die Erde nicht zu nass wird, müssen im Kübelboden Löcher vorhanden sein – oder gebohrt werden. Terrakottakübel sollten Sie mit Folie auskleiden, damit sie der Erde kein Wasser entziehen. Metallkübel können in der Sonne heiß werden und sollten mit Luftblasenfolie ausgekleidet werden. Auch in die Folie müssen Abzugslöcher für überschüssiges Wasser gestochen werden.

Dränagelöcher bohren und Terrakottatöpfe mit Plastikfolie auskleiden.

Stabile Stützen

Hohe und kletternde Pflanzen brauchen Stützen, damit sie gesund bleiben und gut tragen. Tomaten- und Paprikapflanzen binden Sie mit Schnur nicht zu stramm an stabile Stäbe oder Spaliere. Erbsen klettern mit Halteranken selbst an verzweigten Reisern oder Netzen empor. Stangenbohnen schlingen ihre Triebe um Stützen, wenn sie zu Beginn des Wachstums an diesen angebunden werden. Spalierobst muss regelmäßig mit haltbaren Drähten oder Schnüren angebunden und gelegentlich sachgerecht beschnitten werden.

Die meisten Tomaten müssen angebunden werden, Erbsen klettern selbst.

Die gute Erde

In Gärtnereien findet man eine große Auswahl an Pflanzerde. Für viele Zwecke eignet sich Universalerde. Früher enthielt sie meist Torf, heute wird ihr aus ökologischen Gründen meist anderes Fasermaterial beigemischt, beispielsweise aus Kokos. Universalerde ist preiswert, häufig mit Nährstoffen angereichert, gut durchlässig und besitzt ein angemessenes Wasserhaltevermögen. Sie ist einfach zu verwenden und wegen ihres relativ geringen Gewichts auch für Ampeln geeignet. Die meisten kurzlebigen Gemüsearten sind mit Universalerde vollkommen zufrieden. Für langlebige Pflanzen in großen Kübeln ist Mutterboden besser. Er besitzt ähnliche Eigenschaften, ist aber deutlich schwerer und gibt höheren Sträuchern und kleinen Bäumchen auch in windigen Lagen stabilen Stand. Alternativ können Sie auch Gartenerde, ein Gemisch aus Kompost und Oberboden, verwenden.

Anzuchterde ist sehr feinkörnig, speichert Wasser gut und enthält relativ wenig Nährstoffe. Sie bietet beste Voraussetzungen für die erfolgreiche Anzucht aus Samen.

Universalerde eignet sich ausgezeichnet zur Anzucht und Weiterkultur von einjährigen Gemüsepflanzen, die regelmäßig gegossen und gedüngt werden.

Moorbeetsubstrat sollte nur für Pflanzen verwendet werden, die sauren Boden benötigen. In diesem Buch trifft das nur auf eine Pflanzengruppe zu: Heidelbeeren.

Mulch

Eine dicke Mulchschicht auf der Substratoberfläche sieht gut aus, reduziert die Verdunstung von Feuchtigkeit und behindert die Keimung von Unkrautsamen. Außerdem verhindert sie, dass beim Gießen die Erde weggeschwemmt wird. Organischer Mulch wie Laubkompost hat den Vorteil, dass er den Pflanzen zusätzlich Nährstoffe zuführt. Holzhackschnitzel, Kies oder Splitt sehen dekorativ aus. Die Mulchschicht sollte mindestens 2,5 cm dick sein und nach dem Gießen auf der Substratoberfläche verteilt werden.

Mulch sieht gut aus, hält die Erde feucht und unterdrückt Unkraut.

Der Anbauplaner

Erfolgreicher Anbau hat viel mit dem richtigen Zeitpunkt zu tun. Wenn Sie wissen, wann Sie säen und pflanzen können, werden Ihre Pflanzen im Kübel gedeihen. Beachten Sie bei unseren Empfehlungen bitte, dass Anfang und Ende der Frostperiode regional und sogar lokal recht unterschiedlich sein können.

Zeitiges Frühjahr

Viele Pflanzen können direkt im Freien gesät werden. Zieht man aber einige auf der Fensterbank oder im Gewächshaus vor, gewinnt man Zeit. Einige Beispiele:

Säen
- Im Freien: essbare Chrysanthemen, Dicke Bohnen, Erbsen, Estragon, Frühlingszwiebeln, Koriander, Lauch, Mangold, Möhren, Pastinaken, Petersilie, Radieschen, Rauke, Salate, Schnittlauch, Schwarzwurzeln, Spinat, Zwiebeln
- Unter Dach: Auberginen, Basilikum, Bohnen, Gemüsepaprika, Gurken, Keimsprossen, Knollensellerie, Kohlrabi, Rauke, Rote Bete, Tomaten, Walderdbeeren, Zuckermais

Pflanzen (bei mildem Wetter)
- Im Freien: Brokkoli, Estragon, Kohlrabi, Knoblauch, Minze, Obstgehölze, Rhabarber, Salate, Schnittlauch, Steckzwiebeln
- Unter Dach: Auberginen, Paprika, Zitrusfrüchte

Ernten (eine Auswahl)
Grünkohl (falls überwintert), Keimsprossen und Kräuter (auf der Fensterbank), Lauch (falls überwintert), Rosmarin (drinnen überwintert)

Möhren im Frühjahr säen, um im Sommer ernten zu können.

Spätes Frühjahr

Jetzt wächst vieles, und manch junges Gemüse kann eventuell schon geerntet werden. Um Salat, Erbsen und Radieschen fortlaufend zu ernten, säen Sie alle zwei bis drei Wochen eine kleine Menge aus. Jungpflanzen bitte abhärten, bevor Sie sie in die Gefäße umziehen *(siehe S. 36)*. Wenn kalte Nächte drohen, sollten Sie die Pflanzen mit Vlies oder Frühbeetkästen abdecken. Beispiele:

Säen
- Im Freien: Busch- und Stangenbohnen, Chicorée, Endivien, Erbsen, Fenchel, Frühlingszwiebeln, Gartenkresse, Grünkohl, Kohlrabi, Koriander, Mangold, Mizuna, Möhren, Oregano, Petersilie, Radicchio, Radieschen, Rauke, Rote Bete, Salate, Neuseeländer Spinat, Thymian, Zuckermais
- Unter Dach: Auberginen, Basilikum, Busch- und Stangenbohnen, Keimsprossen, Kürbis, Sommerportulak, Zucchini, Zuckermais

Pflanzen
- Im Freien: evtl. Busch- und Stangenbohnen, Chicorée, Gurken, Kartoffeln, Knollensellerie, Lauch, Minze, Oregano, Paprika, Petersilie, Rosmarin, Salat, Thymian, Tomaten, Walderdbeeren
- Unter Dach: Auberginen, Chili- und Gemüsepaprika, Zitrusfrüchte

Ernten (eine Auswahl)
Basilikum, essbare Chrysanthemen, evtl. Erbsen, Estragon, Frühlingszwiebeln, Keimsprossen, Koriander, Minze, Oregano, Petersilie, Radieschen, Rauke, evtl. Rhabarber, Rosmarin, Salbei, Schnittlauch, evtl. Spinat, Thymian

Sommer

Jetzt sind Beeren, Erbsen und junge Möhren reif. Beerensträucher sollten Sie mit Netzen vor Vögeln schützen. Empfindliches Gemüse nach den letzten Frösten auspflanzen und Gemüse für die Herbst- und Winterernte säen. Eine Auswahl:

Säen

● Im Freien: Busch- und Stangenbohnen, Chicorée, Endivien, Erbsen, Estragon, Frühlingszwiebeln, Gartenkresse, Gurken, Kohlrabi, Koriander, Mais, Mizuna, Möhren, Oregano, Pak Choi, Radicchio, Radieschen, Rauke, Rote Bete, Salat, Spinat, Zucchini

Pflanzen

● Im Freien: Chili- und Gemüsepaprika, Fenchel, Grünkohl, Gurken, Knollensellerie, Kürbis, Lauch, Rosmarin, Tomaten, Zucchini, Zuckermais

Ernten (eine Auswahl)

Basilikum, Erbsen, Erdbeeren, Feldsalat, Frühkartoffeln, Frühlingszwiebeln, Gartenkresse, Gemüsefenchel, Gurken, Johannisbeeren, Keimsprossen, Kirschen, Kohlrabi, Kräuter, Mangold, Möhren, Neuseeländer Spinat, Oregano, Radicchio, Radieschen, Rauke, Rosmarin, Rote Bete, Salat, Schnittlauch, Stachelbeeren, Zucchini

Spätsommer

Obstbäume, -sträucher und viele Gemüsepflanzen müssen jetzt beerntet werden. Pflücken Sie Bohnen oft, damit sie nicht zu groß werden. Wenn Sie jetzt Mangold und Salat säen und später mit Frühbeetkästen abdecken, können Sie bis in den Winter ernten. Zum Beispiel:

Säen

● Im Freien: Estragon, Feldsalat, Frühlingszwiebeln, Gartenkresse, Grünkohl, Kohlrabi, Koriander, Mangold, Mizuna, Möhren, Pak Choi, Petersilie, Radicchio, Radieschen, Rauke, Rote Bete, Spinat, Wintersalate

Pflanzen

● Im Freien: Erdbeeren, Grünkohl, Lauch

Ernten (eine Auswahl)

Äpfel, Aprikosen, Auberginen, Basilikum, Brombeeren, Busch- und Stangenbohnen, Chicorée, Chilipaprika, Endivien, Erbsen, Erdbeeren, Estragon, Feigen, Feldsalat, Gartenkresse, Gemüsefenchel, Gemüsemais, Gewürzfenchel, Gurken, Heidelbeeren, Johannisbeeren, Kartoffeln, Keimsprossen, Kirschen, Koriander, Knoblauch, Minze, Mizuna, Möhren, Nektarinen, Neuseeländer Spinat, Oregano, Pak Choi, Paprika, Petersilie, Pfirsiche, Radicchio, Rauke, Rosmarin, Rote Bete, Salat, Salbei, Schalotten, Schnittlauch, Sommerkürbis, Thymian, Tomaten, Zucchini, Zuckermais, Zwiebeln

Herbst

Nun können Sie die Früchte Ihrer Arbeit frisch genießen oder für den Vorrat verwerten. Holen Sie Kräuter ins Haus, und säen Sie Erbsen für die Frühlingsernte. Zum Beispiel:

Säen

● Im Freien: Erbsen (winterharte), Gartenkresse, Kohlrabi, Radieschen, Rauke, Wintersalate

● Unter Dach: Keimsprossen, Rauke, Schnittsalat

Pflanzen

Knoblauch, Kräuter (Fensterbank), Wintersalate

Ernten (eine Auswahl)

Äpfel, Aprikosen, Auberginen, Birnen, Bohnen, Brombeeren, Chicorée, Endivien, Feigen, Feldsalat, Fenchel, Gartenkresse, Grünkohl, Gurken, Kartoffeln, Keimsprossen, Knollensellerie, Kräuter, Lauch, Mais, Mangold, Mizuna, Möhren, Nektarinen, Pak Choi, Paprika, Pfirsiche, Radicchio, Radieschen, Rauke, Rote Bete, Senfkohl, Tomaten, Winterkürbis, Zucchini, Zwiebeln

Winter

Jetzt haben Sie Zeit zum Aufräumen und für die Planung des neuen Jahrs. Wenn es nicht zu kalt ist, können viele Obstbäume gepflanzt oder beschnitten werden. Pflanzen Sie Knoblauch, und bleichen Sie Chicorée für knackige Salate. Draußen kann noch Wintergemüse geerntet werden, und geschützt im Haus reifen vielleicht Zitrusfrüchte. Eine Auswahl:

Säen

● Unter Dach: Keimsprossen, Kräuter

Pflanzen

Knoblauch, Obstbäume und -sträucher, Rhabarber

Ernten (eine Auswahl)

Chicorée (gebleicht), Feldsalat, Gartenkresse, Grünkohl, Keimsprossen und Kräuter von der Fensterbank, Knollensellerie, Lauch, Mangold, Mizuna, Wintersalate, Zitrusfrüchte

Säen und pflanzen

Es ist gar nicht schwierig, Gemüse zu säen oder zu pflanzen. Wenn Sie den Bogen erst einmal heraushaben, werden Sie wahrscheinlich Mühe haben, Platz für all die Kübel zu finden. Probieren Sie die Aussaat zunächst mit schnell wachsenden, unkomplizierten Radieschen, Salaten oder Kräutern. Danach können Sie sich anspruchsvolleren Arten zuwenden. Sie werden sehen: Bald wachsen bei Ihnen asiatische Salate auf der Fensterbank, hängende Ampeln quellen von leckeren Kirschtomaten über, und auf der Terrasse steht im Sommer ein eleganter Zitronenbaum.

In diesem Kapitel erfahren Sie alles Wichtige über das Aussäen und Verpflanzen der Sämlinge. Außerdem lernen Sie viele Obst- und Gemüsesorten kennen, die in Kübeln und Kästen gut gedeihen. Und zu guter Letzt verraten wir Ihnen, was Ihrem eigenen Anbau beim Wachsen hilft.

Aussaat in Schalen

Die Anzucht aus Samen kostet wenig. Eckige Kunststoffschalen lassen sich leicht reinigen und passen in Anzuchtkästen oder auf die Fensterbank.

1 Zuerst die Schalen mit heißem Wasser und Spülmittel reinigen oder in Desinfektionslösung legen. Anzucht- oder Universalerde einfüllen und mit einer zweiten Schale leicht andrücken, um Lufteinschlüsse zu vermeiden.

2 Die Samen gleichmäßig aufstreuen, direkt aus der Tüte oder aus der Handfläche. Säen Sie sparsam. Wenn die Pflänzchen später zu wenig Platz haben, sind sie anfälliger für Krankheiten.

3 Die Samen dünn mit gesiebter Erde bedecken und vorsichtig mit Leitungswasser besprengen, damit sie nicht weggeschwemmt werden. Regenwasser kann Krankheiten begünstigen. Beschriften Sie Ihre Anzuchtschale.

Aussaat in Schalen *Fortsetzung*

4 Die Schale in einen Anzuchtkasten stellen oder mit klarer Folie abdecken. Das feuchtwarme Klima fördert die Keimung. Hell, aber nicht in die pralle Sonne stellen. Wenn sich Blättchen zeigen, die Abdeckung abnehmen.

5 Wenn die Sämlinge einige Blätter haben, werden sie in kleine Töpfe umgepflanzt. Zuerst gießen, dann den Sämling an einem Blatt festhalten und die Wurzel mit einem Pikierstab oder Bleistift lockern und behutsam aus der Erde heben.

6 Die Töpfe sollten bereits mit feuchter Universalerde gefüllt sein. Ein Loch ins Substrat drücken, den Sämling einsetzen und vorsichtig mit dem Pikierstab andrücken. Angießen und beschriften.

7 Nach einigen Wochen die Sämlinge tagsüber ins Freie stellen, um sie abzuhärten. Nachts wieder ins Haus holen. Sie können sie auch ins Frühbeet stellen und den Deckel allmählich immer länger offen lassen.

Aussaat in kleinen Töpfen

1 Wenn die Samen groß sind oder Sie nur wenige Pflanzen benötigen, säen Sie in kleine Töpfe. Anzucht- oder Universalerde einfüllen, leicht andrücken und Samen in der richtigen Tiefe hineindrücken. Gießen und beschriften.

2 Mit klarer Folie abdecken oder in einen Anzuchtkasten stellen, bis die Samen keimen. Schwächere Sämlinge auszupfen, nur den kräftigsten stehen lassen. Regelmäßig gießen und Pflanzen am Fenster täglich drehen, damit sie gerade wachsen.

Grüner Tipp: von unten gießen

3 Die Pflanzen im Frühbeet abhärten *(siehe gegenüber)* oder tagsüber ins Freie stellen und nachts ins Haus holen. In größere Töpfe umpflanzen, damit die Wurzeln ausreichend Platz haben, und gut angießen.

Damit die Samen und Pflänzchen durchs Gießen nicht leiden, stellen Sie Schalen und Töpfe in einen Untersetzer mit Wasser, bis sich die Oberfläche der Erde feucht anfühlt. Dann aus dem Wasser nehmen und gut abtropfen lassen.

Jungpflanzen setzen

Wenn Sie Jungpflanzen wie diesen Mangold setzen, prüfen Sie, ob der Kübel Dränagelöcher hat. Den Pflanzen genug Platz lassen und vorsichtig andrücken.

1 Bohren Sie zuerst Dränagelöcher in den Kübelboden, falls keine vorhanden sind. Darauf verteilen Sie eine Schicht Tonscherben von alten Blumentöpfen, ehe Sie bis 5 cm unter den Rand Universalerde einfüllen.

2 Die Jungpflanzen mit ihren Töpfchen auf den Kübel stellen, um die Anzahl und die Abstände festzulegen. Die Pflanzen durchdringend gießen und erst dann vorsichtig aus den Einzeltöpfen nehmen.

3 Vertiefungen in ausreichenden Abständen in die Erde drücken (ca. 10 cm für Mangold). In jedes Loch eine Pflanze setzen. Erde bis zu der Höhe heranschieben, bis zu der sie auch im vorherigen Topf reichte, und vorsichtig andrücken.

4 Die Pflanzen gründlich mit einem weichen Brausestrahl aus der Gießkanne oder dem Schlauch angießen, damit die Wurzeln gut eingeschlämmt werden. Später regelmäßig gießen, vor allem bei heißem Wetter.

Wurzelgemüse

Frisch aus dem Kübel, nur kurz abge-
schrubbt, schmeckt Wurzelgemüse
wunderbar süß. Die meisten Sorten sät
man an Ort und Stelle in tiefe Töpfe, in
denen die Pflanzen genug Platz haben,
kräftige Wurzeln zu entwickeln.

Möhren

Möhren bilden in guter Pflanzerde kräftige und gerade
Wurzeln. Auch ihr fiedriges Laub sieht dekorativ aus.
Verwenden Sie Gefäße mit mindestens 25 cm Tiefe und
Durchmesser und sorgen Sie für gute Dränage. Vom zeiti-
gen Frühjahr bis zum Frühsommer alle paar Wochen kleine
Portionen säen – entweder schnell wachsende, frühe Möh-
ren oder größere Sorten, die langsamer wachsen, sich aber
gut lagern lassen. Je nach Form des Pflanzgefäßes säen
Sie in Reihen mit 15 cm Abstand oder streuen die Samen
dünn und gleichmäßig aus. Sorten mit runden oder kurzen
Wurzeln sind natürlich ideal für Kübel.

Pflege und Ernte Wenn sich die ersten gefiederten
Blätter zeigen, die Sämlinge ausdünnen, damit die übrigen
genug Platz haben. Regelmäßig gießen, aber nicht zu viel,
sonst wächst hauptsächlich das Laub. Vor der Möhrenfliege schützen *(siehe 3)*. Nach zwölf Wochen können Sie
die ersten Möhren behutsam aus dem Kübel ziehen.

1 Große, tiefe Gefäße sind für Möhren ideal. Die Erdober-
fläche glätten und eine 1 cm tiefe Rille ziehen. Die Samen
dünn in die Rille streuen, mit weiterer Erde bedecken und
vorsichtig angießen.

2 Wenn die Sämlinge gefiederte Blätter bekommen, werden
sie auf Abstände von 5 cm ausgedünnt. Sie können sie
auszupfen oder auf Bodenhöhe abschneiden. Die Abfälle
nicht liegen lassen, sondern kompostieren.

3 Möhrenfliegen sind Tiefflieger. Sie richten keinen Schaden
an ihrem jungen Gemüse an, wenn Sie aus Vlies Barrieren
von 60 cm Höhe errichten (einschließlich der Kübelhöhe)
oder die Pflanzgefäße hoch stellen.

Rote Bete

Die rot geäderten Blätter sehen allein oder in Kombinationen mit Blumen oder anderem Gemüse sehr dekorativ aus. Am besten gedeihen sie an einem Sonnenplatz. Obwohl die Wurzeln rundlich sind, brauchen sie zur guten Entwicklung eine Kübeltiefe von mindestens 25 cm. Im zeitigen Frühjahr schussfeste Sorten säen, ab Frühlingsmitte bis zum Spätsommer können Sie auch andere Sorten wählen. Die Samen 2 cm tief in Abständen von 5 cm legen. Folgesaaten sichern eine fortlaufende Versorgung während der Sommer- und Herbstmonate.

Pflege und Ernte Rote-Bete-Samen bilden normalerweise mehrere Sämlinge und müssen ausgedünnt werden – es sei denn, Sie wählen spezielle Sorten für die Einzelkornsaat (monogerm). Regelmäßig gießen, aber nicht zu viel: Der Boden sollte nur feucht sein, nicht nass. Kleine Sorten für Salate sind etwa neun Wochen nach der Aussaat erntereif, größere brauchen bis zu drei Monate. Die Wurzeln vorsichtig aus der Erde ziehen und die Stängel nicht abschneiden, sondern abdrehen, damit die Wurzeln nicht »ausbluten«.

Rote Bete regelmäßig gießen, aber nicht zu reichlich, sonst wächst hauptsächlich das Laub und die Wurzeln bleiben klein. Bei schlechter Dränage kann das Laub faulen.

Radieschen sollten Sie ernten, sobald sie groß genug sind. Bleiben sie zu lange im Boden, schießen sie in Saat. Säen Sie lieber alle paar Wochen, um fortlaufend zu ernten.

Radieschen

Radieschen sind ein ideales Gemüse für Gartenneulinge. Sie sind anspruchslos, wachsen schnell und schmecken frisch aus dem Kübel wunderbar. Weil sie leicht keimen, eignen sie sich auch als Lückenfüller. Allerdings schießen sie bei trockener Hitze schnell in Saat, darum sollte man die Kübel im Sommer etwas schattiger stellen. Sommersorten können vom zeitigen Frühjahr bis in den Herbst gesät werden. Bei kaltem Wetter die Sämlinge abdecken. Säen Sie alle paar Wochen kleine Portionen, um fortlaufend zu ernten und eine Schwemme zu vermeiden. Die Samen dünn ausstreuen oder in Reihen von 1 cm Tiefe und 5 cm Abstand legen. Winterrettiche ab Spätsommer 2 cm tief mit Reihenabständen von 15 cm in tiefe Kübel säen.

Pflege und Ernte Radieschen wachsen schnell und müssen ausgedünnt werden: Sommersorten auf Abstände von 2 cm, Wintersorten auf 10 cm. Regelmäßig gießen, weil sie bei Trockenheit schnell in Saat schießen. Sommerradieschen können schon vier Wochen nach der Aussaat vorsichtig aus dem Boden gezogen werden. Wintersorten brauchen mehrere Monate, sind aber frostverträglich und können lange im Freien bleiben.

Eine Tonne Kartoffeln

Frisch geerntet schmecken
Kartoffeln am besten. Frühe,
mittelfrühe und späte Sor-
ten gedeihen gut in hohen
Kübeln und sogar in großen
Tonnen.

Grüner Tipp

Kartoffeln brauchen zur Bildung von
Blättern und Knollen viel Wasser.
Gießen Sie die Pflanzen regelmäßig
und achten Sie darauf, dass die Erde
nie ganz austrocknet.

1 Pflanzkartoffeln im zeitigen Frühling zum Beispiel in leeren Eierkartons auf eine kühle Fensterbank stellen. Das Ende mit den meisten Augen zeigt nach oben. Wenn die Keime etwa 2 cm lang sind, kann gepflanzt werden.

2 Dränagelöcher in den Boden der Tonne bohren. Bis zu einem Drittel der Höhe Erde einfüllen, dann die Pflanzkartoffeln gleichmäßig darauf verteilen. Mit einer 15 cm dicken Schicht Erde bedecken und ordentlich gießen.

3 Wenn die Pflanzen wachsen, immer wieder Erde nachfüllen, bis die Tonne voll ist. Dieses »Anhäufeln« regt die Knollenbildung an und verhindert, dass die Knollen Licht bekommen, wodurch sie grün und ungenießbar werden.

4 Bei regelmäßiger Bewässerung sind die Kartoffeln erntereif, wenn die Pflanzen blühen. Sie können die Tonne nun komplett ausleeren oder nur einige Knollen ernten und die Pflanzen weiter wachsen lassen.

Kohl und Salate

Salate und Gemüse, bei denen vorwiegend die Blätter gegessen werden, gedeihen in Kübeln üppig. Probieren Sie rote, gefleckte, gekräuselte oder eichenblättrige Kopfsalate im Frühling, Chicorée und Grünkohl im Herbst und Winter.

Grünkohl

Grünkohl ist ausgesprochen frostverträglich. Er kann meist den ganzen Winter über bis ins zeitige Frühjahr geerntet werden, wenn es ansonsten wenig frisches Gemüse gibt. Gesät wird im mittleren oder späten Frühling etwa 2 cm tief in Schalen. Im Frühsommer die Pflanzen in Töpfe setzen. Um diese Zeit sind auch Jungpflanzen erhältlich. In großen Kübeln sind Abstände von 15 cm zwischen den Pflanzen ratsam. Grünkohl wächst langsam, braucht viel Platz und einen sonnigen Standort.

Pflege und Ernte Gießen Sie regelmäßig, vor allem bis die Jungpflanzen angewachsen sind. Achten Sie im Hoch- und Spätsommer auf Raupen des Kohlweißlings. Wenn Sie jeweils nur die unteren Blätter am Strunk ernten, bilden die Pflanzen über mehrere Monate neue Blätter. Versorgen Sie Grünkohl im zeitigen Frühling mit einem stickstoffreichen Dünger. Blätter, die sich gelb färben oder abfallen, regelmäßig entfernen und kompostieren.

Grünkohl im Frühling in Schalen säen, später in größere Töpfe umpflanzen *(siehe S. 36)*. Sie können auch im Frühsommer Jungpflanzen kaufen und in Kübel oder Kästen setzen.

Die dunkelgrünen, länglichen, gekräuselten Blätter der Grünkohlsorte 'Cavolo Nero' sehen recht dekorativ aus. Grünkohl mit Netzen vor gefräßigen Vögeln und Raupen schützen.

Endivien und Chicorée

Endivien und Chicorée mit ihrem zartbitteren Geschmack werden von Spätfrühling bis Hochsommer gesät und vom Hochsommer bis in den Winter geerntet. Endivien bilden relativ flache Köpfe mit gekräuselten Blättern, die vor der Ernte gebleicht werden können. In Schalen aussäen und später in geräumige Kübel mit Abständen von 25 cm auspflanzen. Im Sommer an einen halbschattigen Platz stellen.
  Chicorée muss getrieben werden, um die hellen Salatherzen zu ernten (Foto rechts). In Schalen aussäen und später mit 20 cm Abstand in tiefe Töpfe pflanzen, damit sich die Wurzeln entwickeln. Radicchio ist eine Chicorée-Sorte mit kleinen Köpfen aus rötlichen Blättern. Dünn aussäen und später auf Abstände von 15 cm verziehen.

Pflege und Ernte Im Sommer die Erde feucht halten. Trockene Endivienköpfe 12 Tage vor der Ernte mit einem Teller abdecken, um sie zu bleichen. Die Blätter sollten davor nicht feucht sein. Chicorée besser im Winter treiben.

Chicorée zum Treiben 3 cm über den Wurzeln abschneiden, mit einem Topf lichtdicht abdecken und unter Dach frostfrei stellen. Nach einigen Wochen sind die Köpfe erntereif.

Salat im Blumenkasten

Wer jederzeit frische Salatblätter zur Hand haben möchte, sollte ihn auf dem Fenstersims ziehen. Schnittsalate, aber auch Mizuna oder Rauke wachsen gut, wenn man sie recht dicht sät. Die Blätter werden geschnitten, solange sie noch jung sind. Die Pflanzen treiben danach noch zwei- oder dreimal neu aus. Sie können die Blätter natürlich auch über einige Wochen wachsen lassen. Dann gibt es mehr und festere Blätter auf einmal.

1 In einem Kasten aus Weidengeflecht sehen preiswerte Plastikkästen gleich viel attraktiver aus. Bis 1 cm unter dem Rand mit Erde füllen und ½ cm tiefe Rillen im Abstand von etwa 5 cm ziehen.

2 Einige Samen in die Handfläche nehmen und mit Daumen und Zeigefinger in die Rillen streuen. Dünn mit Erde bedecken und mit einem feinen Brausestrahl angießen, um die Samen nicht wegzuschwemmen.

Salatköpfe

3 Die Erde feucht halten. Wenn die Sämlinge 5–10 cm hoch sind, nach Bedarf Blätter 2,5 cm über der Substratoberfläche abschneiden. Die Pflanzen bilden dann neue Blätter, die einige Wochen später geerntet werden können.

Eisbergsalat, Romana und viele andere Salatarten bilden, wenn man sie größer werden lässt, dekorative große Köpfe. In Schalen aussäen und später in Abständen von 20–30 cm auspflanzen, damit die Köpfe ausreichend Platz zum Wachsen haben.

Trend-Gemüse

Angesagtes Gourmet-Gemüse ist teuer, es sei denn, man zieht es selbst. Das Saatgut kostet wenig, die Aussaat ist meist unkompliziert, und die zarten Blätter schmecken ohnehin am besten, wenn sie ganz frisch geerntet sind.

Mangold

Mangold ist oft eine Bereicherung für den Speiseplan, denn er sieht nicht nur toll aus, sondern hat auch einen köstlichen, erdigen Geschmack. Außerdem ist er robust genug, um Trockenperioden und Winter zu überstehen. Man kann ihn direkt in Kübel säen, meist ist aber die Anzucht in Schalen (1 cm tief) erfolgreicher. Für die Sommerernte im Spätfrühling säen, für die Winter- und Frühlingsernte im Spätsommer. Wenn Sie kleine Blätter ernten wollen, auf Abstände von 10 cm auspflanzen. Sollen die Pflanzen größer werden, sind Abstände von 30 cm ratsam. Verwenden Sie ein großes Pflanzgefäß, das Sie sonnig oder halbschattig stellen.

Pflege und Ernte Mangold verträgt trockenen Boden, gedeiht aber bei regelmäßiger Bewässerung besser. Wenn einzelne Blätter geerntet werden und die inneren jeweils stehen bleiben, bildet er über längere Zeit neue. Bei Frostgefahr mit Vlies abdecken. Wenn die Blätter erfrieren, treiben die Pflanzen im Frühling aber oft wieder aus.

Die roten Stiele und Blattadern von Mangold bilden einen schönen Kontrast zu den hellgrünen Blättern, je nach Geschmack in modernen oder rustikalen Gefäßen.

Asiatische Salate werden auch als Saatgutmischungen angeboten. Die verschiedenartigen Blätter sehen in Kästen und Kübeln durchaus exotisch aus.

Rauke und asiatische Blattsalate

Rauke und asiatische Blattsalate kann man für stattliche Preise abgepackt im Supermarkt kaufen, aber frisch geerntet schmecken sie besser. Die Anzucht aus Samen ist einfach und zudem preiswerter. In feuchter Erde an einem sonnigen oder halbschattigen Platz kann schon nach etwa drei Wochen geerntet werden. Die Samen dünn mit Abständen von ca. 1 cm ausstreuen, ½ cm dick mit Erde bedecken und angießen. Im Freien ab Frühlingsmitte Folgesaaten legen, im Haus vom Herbst bis ins zeitige Frühjahr.

Pflege und Ernte Die Erde feucht halten, vor allem bei heißem Wetter, weil die Pflanzen schnell in Saat schießen, wenn sie zu trocken stehen. Die Blätter einzeln ernten, wenn sie die gewünschte Größe erreicht haben, oder die ganzen Pflanzen 2,5 cm über der Erde abschneiden – sie treiben dann wieder aus. In beiden Fällen können Sie mehrere Wochen lang ernten.

Kresse und andere Keimsprossen

Kresse und andere Keimsprossen kann man ganzjährig in kleinen Töpfen oder Schalen auf der Fensterbank im Haus ziehen. Kein kommerzieller Betrieb kann so frische und hygienisch unbedenkliche Sprossen garantieren wie der Eigenbauer. Schon nach einer oder zwei Wochen können die winzigen Blättchen als Salatzutat, Brotbelag oder Garnierung verwendet werden. Sprossensamen gibt es in großer Auswahl, etwa für Basilikum, Brokkoli oder Rauke.

1 Um Kresse zu ziehen, füllen Sie einen kleinen Topf oder eine Schale mit etwas Universalerde. Darauf einige Lagen Küchenpapier oder Watte legen. Diese Schicht speichert Wasser und hält die kleinen Blätter sauber.

2 Wasser zugießen und eine Weile warten, bis das Küchenpapier es aufgesaugt hat und überschüssiges Wasser abgetropft ist. Wenn Sie eine größere Menge ernten möchten, sollten Sie mehrere Töpfe vorbereiten.

3 Samen mit der Hand gleichmäßig und recht dick aufstreuen und andrücken, damit sie Kontakt mit dem feuchten Küchenpapier haben. Den Topf abdecken oder dunkel stellen, damit die Samen schneller keimen.

Mini-Gemüse

4 Wenn die Pflänzchen 2,5 cm hoch sind, den Topf ans Licht stellen und täglich drehen, damit sie gleichmäßig wachsen. Pralle Sonne kann die zarten Blätter versengen. Feucht halten. Nach etwa einer Woche kann geerntet werden.

Viele Gemüsesorten, Salate und Kräuter können auf diese Weise gezogen werden. Die Samen dick ausstreuen, dünn mit Erde oder Küchenpapier bedecken, dunkel stellen und feucht halten. Schon bald können Sie die aromatischen Blättchen mit der Schere ernten.

Bohnen und Erbsen

Die kletternden Pflanzen mit den hübschen Blüten machen in großen Kübeln viel her. Bakterien in ihren Wurzeln sorgen für die Stickstoffversorgung, doch damit die Schoten prall werden, brauchen sie genug Wasser.

Stangenbohnen

Stangenbohnen werden über 2,5 m hoch und sehen mit ihrem üppigen Laub und ihren Blüten hübsch aus. Weil sie frostempfindlich sind und zur Keimung Wärme brauchen, sät man sie vom Spätfrühling an in Töpfen im Haus oder nach dem letzten Frost direkt im Freien. Die Samen 5 cm tief in die Erde drücken und zwischen den Pflanzen später Abstände von 15 cm lassen. In einen Kübel mit mindestens 45 cm Durchmesser stabile Kletterstangen von etwa 1,8 m Höhe stellen. Bohnen brauchen einen sonnigen, windgeschützten Platz. Für windige Standorte sind niedrige Buschbohnen oder z. B. die Zwerg-Prunkbohne 'Hestia' günstig, die keine Stangen benötigen.

Pflege und Ernte Damit Bohnen gut tragen, darf die Erde nie austrocknen. Junge Pflanzen an die Stützen binden und wöchentlich einen Tomatendünger geben, sobald sich Blüten zeigen. Je häufiger man erntet, desto mehr neue Bohnen werden gebildet.

1 Um einen Zeitvorsprung zu gewinnen, Stangenbohnen im mittleren bis späten Frühling 5 cm tief in kleine Töpfe mit Erde säen. Angießen und im Haus oder im geheizten Gewächshaus keimen lassen.

2 Die Jungpflanzen abhärten *(siehe S. 36)* und auspflanzen, wenn keine Frostgefahr mehr besteht. Einen großen, hohen Kübel mit Erde füllen, lange Stangen hineinstellen und mit Gartenschnur fest zusammenbinden.

3 Die Jungpflanzen gießen, aus den Töpfen nehmen und je eine an den Fuß jeder Stange pflanzen. Die Pflanzlöcher füllen, die Erde andrücken und gießen. Jede Pflanze an ihre Stange binden, damit sie daran hochklettert.

Buschbohnen

Buschbohnen wachsen kompakt. Sie gedeihen daher gut in Kübeln und werden dort bis etwa 60 cm hoch. Sie sind frostempfindlich und brauchen Wärme zur Keimung. Im späteren Frühjahr 5 cm tief in Töpfe im Haus säen, alternativ ab Ende des Frühjahrs direkt in Kübel mit mindestens 45 cm Durchmesser. Zwischen den Pflanzen sollten Sie Abstände von etwa 20 cm lassen. Im Haus gezogene Jungpflanzen müssen vor dem Auspflanzen abgehärtet werden *(siehe S. 36)*. Ideal ist ein windgeschützter Standort in voller Sonne. Wenn Sie Bohnenkerne ernten möchten, lassen Sie die Hülsen bis zum Herbst an den Pflanzen.

Pflege und Ernte Jungpflanzen eventuell an Stäbe binden *(siehe gegenüber)*. Die Erde immer feucht halten und die Pflanzen wöchentlich mit Tomatendünger versorgen, sobald sich Blüten zeigen. Die Triebspitzen ausknipsen, wenn sie das Ende der Stäbe erreicht haben. So tragen sie besser und werden nicht kopflastig. Wenn Sie häufig junge Bohnen ernten, werden über längere Zeit immer neue gebildet. Sie können sie aber auch ausreifen lassen und die zarten Kerne aus den Hülsen lösen.

Bohnen und kletternde Zierpflanzen wie die Schwarzäugige Susanne (*Thunbergia alata*) haben ähnliche Ansprüche und bilden einen schönen Blickfang im Nutzgarten.

Kübel mit leuchtend grünen Erbsen sehen auch auf der Terrasse sehr dekorativ aus. Wenn die Hülsen noch etwas fülliger geworden sind, können sie gepflückt werden.

Erbsen

Erbsen sind leicht anzupflanzen, tragen reich und schmecken frisch am besten. Die Erbsen werden ausgelöst, Zuckererbsen kann man mitsamt den Hülsen essen. Frühe Sorten reifen schnell, bleiben niedrig und kommen ohne Stützen aus. Hohe Sorten brauchen länger, sind aber ertragreicher. Frühe Sorten im zeitigen Frühling (in milden Gegenden auch im Spätwinter) direkt in den Kübel säen, von anderen Sorten von der Frühlingsmitte bis in den Frühsommer alle zwei Wochen Folgesaaten legen. Gesät wird 2,5 cm tief in Abständen von etwa 5 cm in einem tiefen Kübel mit mindestens 30 cm Durchmesser. An einen sonnigen, offenen Platz stellen.

Pflege und Ernte Samen und Sämlinge mit Netzen vor Vögeln schützen, Mausefallen aufstellen. Verzweigte Reiser als Stützen zwischen die Pflanzen stecken. Regelmäßig gießen und ab der Blüte wöchentlich Tomatendünger geben. Häufig ernten, um die Bildung neuer Hülsen anzuregen.

Mediterranes Gemüse

Die glänzenden Früchte dieser Gemüsesorten sind ein schöner Blickfang auf der Fensterbank oder an einem anderen sonnigen, geschützten Platz. Für Kübel und Kästen empfehlen sich kompakte Sorten.

Gemüsepaprika und Chilipaprika

Diese große Gruppe umfasst Sorten vom Zwergformat bis zu 1 m Höhe mit Früchten in verschiedenen Farben, Formen und Geschmacksnoten. Am besten gedeihen sie im Haus oder im Gewächshaus, in milden Gegenden reifen die Früchte in warmen Sommern aber auch im Freien. Im zeitigen Frühling im Haus aussäen, später abhärten und erst auspflanzen, wenn keine Frostgefahr mehr besteht *(siehe S. 36)*. Große Pflanzen brauchen etwa 20 cm Platz, Zwergformen kommen mit weniger aus. Die Kübel an einen geschützten Platz in voller Sonne stellen.

Pflege und Ernte Gemüse- und Chilipaprika nicht zu viel gießen und eher sparsam düngen. Während der Blüte mit Wasser besprühen, um den Fruchtansatz zu fördern. Wenn sich Früchte bilden, zweiwöchentlich mit Tomatendünger versorgen. Pflanzen mit vielen Früchten an Stäbe anbinden. Wenn Sie die Bildung weiterer Früchte anregen wollen, sollten Sie die Schoten grün ernten.

Dünnschalige Sorten, die früh reifen, gedeihen im Freien am besten. Die Früchte ausreifen lassen oder früher ernten und im Haus nachreifen lassen.

Chilipaprika brauchen viel Wärme, um ein gutes Aroma zu entwickeln. Im Gewächshaus oder auf der sonnigen Fensterbank tragen sie reichlich.

Auberginen werden geerntet, wenn die Früchte prall sind und die Schale glänzt. Die Fruchtstiele mit einer Rosenschere von der Pflanze abschneiden.

Auberginen

Die hübschen, buschigen Pflanzen mit den leicht silbrigen Blättern tragen Früchte in Violett, Weiß, Grün oder Orange. Sie brauchen zur guten Entwicklung viel Licht und Wärme, darum gedeihen sie im Freien nur in milden Gegenden und an einem sonnigen, geschützten Platz. Im zeitigen Frühjahr auf der warmen Fensterbank oder in einem heizbaren Anzuchtkasten aussäen und später in Einzeltöpfe umpflanzen. Wenn keine Frostgefahr mehr besteht, in 20 cm großen Töpfen ins Freie stellen.

Pflege und Ernte Hohe Luftfeuchtigkeit fördert die Fruchtbildung. Die Pflanzen öfter einsprühen oder auf Untersetzer mit Kies und Wasser stellen. Wenn die Pflanzen 20 cm hoch sind, die Triebspitzen ausknipsen, um einen buschigen Wuchs zu fördern. Sobald sich Früchte bilden, alle zwei Wochen Tomatendünger geben. Regelmäßig gießen und hohe Pflanzen stützen. Vorsicht beim Ernten: Manche Sorten sind stachelig.

Tomaten aus eigener Ernte

Selbst gezogene Tomaten schmecken wunderbar, und in Kübeln und Ampeln sehen sie attraktiv aus. Hohe Sorten müssen an Stützen festgebunden werden. Niedrige Sorgen wachsen buschig und kommen ohne Stützen aus. Kirschto-maten reifen im Freien, Fleischtomaten brauchen gleich-mäßige Wärme und gedeihen besser im Gewächshaus. Im zeitigen Frühjahr aussäen und später umpflanzen oder im späteren Frühjahr Jungpflanzen kaufen.

1 Kübel von mindestens 25 cm Durchmesser bis 5 cm unter den Rand mit Erde füllen. Wenn kein Nachtfrost mehr droht, abgehärtete Jungpflanzen *(siehe S. 36)* einpflanzen – recht tief, denn am Spross bilden sich neue Wurzeln.

2 Hohe Sorten bekommen sicheren Halt durch mehrere lange Bambusstäbe, die tief in die Erde gesteckt werden. Buschige Sorten und niedrige, kompakte Sorten für Ampeln benötigen keine Stützen.

3 Wenn die Pflanze wächst, den Hauptspross locker mit Schnur anbinden. Bei hohen Sorten die Seitentriebe in den Blattachseln ausknipsen, bei buschigen Sorten dürfen diese Seitentriebe stehen bleiben.

4 Regelmäßig gießen. Wenn sich Früchte bilden, wöchentlich mit Tomatendünger versorgen und sichtbare Wurzeln mit Erde bedecken. Hohe Sorten kappen, wenn sie so hoch sind wie ihre Stützen. Reife Früchte vorsichtig abdrehen.

Fruchtgemüse

Kürbisse, Zucchini und Gurken sind mit ihren goldgelben Blüten und den großen Blättern ideale Kandidaten für den dekorativen Kübel. Auf dem Balkon und auf der Terrasse passen sie gut zum elegant aufrecht wachsenden Zuckermais.

Kürbis

Sommer- und Winterkürbisse gibt es in vielen interessanten Farben und Formen. Große, rankende Sorten brauchen sehr viele Nährstoffe. Kleinere, buschige Sorten oder zierliche Kletterer sind mit einem Kübel zufrieden. Im mittleren Frühjahr 2,5 cm tief im Haus aussäen oder im Freien unter Schutz säen. Jungpflanzen abhärten *(siehe S. 36)* und in große Gefäße mit einer Mischung aus Universalerde und verrottetem Stallmist pflanzen. Wenn kein Nachtfrost mehr droht, an einen sonnigen Platz stellen. Bei kalter Witterung die Jungpflanzen vorsichtshalber abdecken.

Pflege und Ernte Reichlich gießen und einen Monat nach der Pflanzung wöchentlich Tomatendünger geben. Sommersorten ab Hochsommer ernten und frisch verbrauchen. An Winterkürbissen höchstens drei Früchte pro Pflanze ausreifen lassen, damit sie eine gute Größe erreichen. Zum Einlagern die Schale ab Spätsommer in der Sonne härten lassen. Mit einem Stück Stiel von der Pflanze schneiden.

Zu den Sommerkürbissen gehört dieser flache, helle »Ufokürbis« *(oben Sorte* 'Custard'). Die Sorten 'Butternut' und 'Sweet Dumpling' gehören zu den Winterkürbissen.

Säcke aus farbigem Kunststoffgewebe sind geeignete Gefäße für Zucchini und Kürbisse. Man kann sie nach der Saison auswaschen und mehrere Jahre lang benutzen.

Zucchini

Dieses Sommergemüse trägt außerordentlich reich. Die buschig-kompakt wachsenden Sorten eignen sich bestens für kleine Gärten. Weil die Pflanzen keinen Frost vertragen, wird im mittleren Frühjahr 2,5 cm tief in Töpfe oder Ende Mai direkt in Kübel gesät. Ausgepflanzt wird an einen sonnigen, geschützten Platz, wenn kein Nachtfrost mehr droht. Die Jungpflanzen müssen vor dem Umzug ins Freie abgehärtet werden *(siehe S. 36).*

Pflege und Ernte Zucchini wachsen schnell und brauchen viel Wasser, damit sie in Kübeln gesund bleiben. Eine wöchentliche Versorgung mit Tomatendünger ist empfehlenswert. Wenn die Pflanzen blühen, entwickeln sich die Früchte so schnell, dass man manchmal täglich ernten kann. Die Früchte mit einem Messer abschneiden oder mit einem Stielansatz abdrehen. Am besten schmecken sie, wenn sie klein und zart sind. Die großen Früchte schmecken fade und werden faserig.

Zuckermais

Gemüse- oder Zuckermais bringt im Kübel keine Rekord-
ernten, aber die Pflanzen sehen schön aus, und die
frischen Kolben schmecken herrlich süß. Die kälteempfind-
lichen Pflanzen brauchen einen langen, warmen Sommer,
damit die Kolben reifen, darum sollten sie schon im mittleren Frühjahr in Schalen im Haus oder ab Spätfrühjahr
unter Schutz im Freien ausgesät werden. In kaltem, feuch-
tem Boden keimen die Samen schlecht. Die Jungpflanzen
abhärten und in Abständen von mindestens 25 cm in
große Gefäße mit Erde pflanzen. Die Kübel auf Klötzchen
stellen, um sie vom Boden anzuheben und Staunässe zu
vermeiden. An einem geschützten, sonnigen Platz zu Gruppen anordnen, um die Bestäubung zu fördern. Manche
Sorten brauchen nicht bestäubt zu werden.

Pflege und Ernte Regelmäßig gießen, damit die Körner
saftig werden. Pro Pflanze können Sie einen oder zwei Kolben erwarten. Mini-Sorten sind reif, wenn sich die Fasern
an den Kolbenspitzen zeigen. Große Sorten ernten, wenn
die Fasern braun und die Körner gelb sind. Nach der Ernte
sofort verzehren oder einfrieren.

Mais dünn in Schalen säen, mit eher wenig Erde bedecken und erst aus- pflanzen, wenn die Wurzeln den Schalenboden erreicht haben.

Mais und Blumen sind ein dekoratives Gespann im Kübel. Sie können an den Fuß der hohen Pflan- zen auch schnell wach- sende Radieschen säen.

Kleinfrüchtige Gurken sind beliebt, weil sie reich tragen,
schnell reifen und köstlich schmecken. Viele Sorten zeich-
nen sich durch gute Krankheitsresistenz aus.

Gurken

Gute Gurken zu ziehen gilt als schwierig, aber außer
ausreichend Wärme und Windschutz verlangen kompakte
Freilandsorten nur einen nährstoffreichen, durchlässigen
Boden. Glattschalige, lange Sorten brauchen mehr Wärme
und Platz.
Blüten, die bestäubt wurden, werden bitter. Wählen Sie rein
weibliche Sorten, um das zu vermeiden.
Alle Sorten werden im mittleren Frühjahr 2,5 cm tief in
Einzeltöpfe im Haus gesät. Vor dem Auspflanzen nach den
letzten Nachtfrösten müssen sie abgehärtet werden *(siehe
S. 36)*. Eine Pflanze füllt einen großen Kübel aus.

Pflege und Ernte Jungpflanzen nach dem Auspflanzen
vor Schnecken schützen und bei kaltem Wetter mit Vlies
abdecken.
Wenn Gurken angewachsen sind, kann man die langen
Triebe gut an Stangen, Gittern oder Netzen in die Höhe
lenken. Die Pflanzen regelmäßig gießen und wöchentlich
mit Tomatendünger versorgen, wenn die Fruchtbildung
einsetzt. Ab Frühsommer kann geerntet werden, das regt
die Pflanze zur Bildung neuer Früchte an.

Zwiebeln, Knoblauch und Lauch

Zwiebeln und ihre pikanten Verwandten braucht man in der Küche laufend und es lohnt sich sie anzubauen. Im Kübel liefern sie keine großen Erträge, aber im Geschmack ist die eigene Ernte der Supermarktware weit überlegen.

Zwiebeln

Weil sie flach wurzeln, eignen sich Zwiebeln sehr gut für Kübel. Am besten stellt man sie zwischen anderes Gemüse, weil ihr Geruch angeblich Schädlinge wie die Möhrenfliege vertreibt. Damit sich die Ernte lohnt, einen großen Kübel an einem sonnigen Platz auf Klötzchen stellen, um Staunässe zu vermeiden. Den Kübel mit Universalerde füllen und im Frühling 2 cm tief säen. Später die Pflanzen auf 10 cm ausdünnen. Noch einfacher ist die Pflanzung von Steckzwiebeln, die im Frühling in Abständen von 10 cm so tief in die Erde gesteckt werden, dass die Spitzen gerade hervorschauen.

Pflege und Ernte Die Erde feucht halten, aber nicht zu viel gießen oder düngen. Dadurch wird das Pflanzengewebe weich und anfällig für Fäule. Im Sommer nach Bedarf ernten oder warten, bis das Laub gelb wird und welkt. Dann die Zwiebeln aus der Erde ziehen, in der Sonne gut abtrocknen lassen und einlagern.

Zwiebeln jedes Jahr in frische Erde pflanzen, weil in gebrauchter Erde Krankheitserreger und Schädlinge lauern können. Plastikkübel sind leicht zu reinigen.

Knoblauch

Knoblauch kann man bei milder Witterung ab Frühsommer ernten, wenn er jung und saftig ist. Im Spätsommer erntet man reife Knollen, um sie zu trocknen. Große, tiefe Kübel in voller Sonne zur Verbesserung der Dränage auf Klötzchen stellen und mit Universalerde füllen. Knoblauch wird nicht gesät. Pflanzen Sie die Zehen 2,5 cm tief mit dem spitzen Ende nach oben und in Abständen von 15 cm im Herbst oder Winter, denn sie brauchen zum Wachsen eine Kälteperiode.

Pflege und Ernte Knoblauch braucht erstaunlich viel Wasser, aber bei Staunässe faulen die Knollen. Für den Frischverzehr kann im Frühsommer geerntet werden. Zum Trocknen warten Sie, bis das Laub im Sommer gelb wird und abwelkt. Die ganzen Pflanzen ausgraben, eine Woche im Haus oder draußen in der Sonne trocknen, erst dann die Stiele abschneiden und die Knollen einlagern. Sie können das Laub auch zu einem dekorativen Zopf flechten.

Knoblauch wird ab Winter gepflanzt und bildet dann bei mildem Wetter bis zum Frühling kräftig Blätter. Gut gießen und die Knollen frisch verbrauchen oder trocken einlagern.

Lauch aus eigenem Anbau

Kälteverträglicher Lauch ist ein wertvolles Herbst- und Wintergemüse, aber wegen seiner langen Wachstumsdauer blockiert er seinen Kübel einige Monate. Frühe Sorten sind kälteempfindlicher und werden im Herbst geerntet. Mittel-

frühe und späte Sorten können im Winter in der Erde bleiben, bis sie benötigt werden. Alle können direkt in Kübel gesät werden, günstiger ist aber die Anzucht in Schalen. Zehn Wochen später ziehen die Jungpflanzen ins Freie um.

1 Im Frühling dünn und 1 cm tief in Schalen säen, gut befeuchten und auf die Fensterbank stellen. Die Erde nicht austrocknen lassen. Wenn die Sämlinge etwa 20 cm hoch sind, werden sie abgehärtet *(siehe S. 36)*.

2 Einen großen Kübel mit Universalerde füllen. Die abgehärteten Pflanzen vorsichtig mit einem Pikierstab aus der Schale lösen und die langen Wurzeln mit einer Schere stutzen, um die Pflanzung zu vereinfachen.

3 15 cm tiefe Löcher in Abständen von 10–20 cm in die Erde stechen und in jedes eine Jungpflanze setzen. Je größer die Abstände, desto dicker werden die Stangen. Vorsichtig Wasser in die Löcher gießen, um Erde einzuschwemmen.

4 Die Erde feucht halten und alle paar Wochen Flüssigdünger geben. Die Pflanzen anhäufeln, damit sie schön hell und zart bleiben. Sie können geerntet werden, wenn sie die gewünschte Länge und Dicke erreicht haben.

Stängelgemüse

Stängelgemüse sind in Kübeln ein interessanter Blickfang, und jede Sorte hat ihren ganz typischen Geschmack. Die rundlichen Knollen von Kohlrabi und Sellerie sehen aus wie Wurzeln, sind aber tatsächlich verdickte Stängel.

Rhabarber

Rhabarber wird wie Obst zubereitet, ist aber ein mehrjähriges Gemüse mit langer Wurzel, das mehrere Jahre lang in einem großen Kübel bleiben kann. Die roten Stiele mit den großen Blättern sehen eindrucksvoll aus. Rhabarber-Jungpflanzen werden im Frühwinter oder im zeitigen Frühjahr gepflanzt. Gute Dränage ist wichtig, damit die Wurzeln nicht faulen, aber die großen Blätter brauchen auch viel Wasser. Mischen Sie darum bei der Pflanzung verrotteten Stallmist unter die Erde, und gießen Sie regelmäßig. Im zeitigen Frühling die oberste Substratschicht erneuern und ein Universaldünger-Granulat aufstreuen.

Pflege und Ernte Vom zweiten Standjahr an vom Frühling bis in den Frühsommer die Stiele an der Basis abdrehen (nicht abschneiden). Dunkelt man die Pflanze ab, kann man früh im Jahr zarte, helle Stiele ernten. Durch das Treiben wird die Pflanze aber stärker beansprucht, darum sollte man es nur in jedem zweiten Jahr vornehmen.

1 In einen Kübel mit mindestens 30 cm Durchmesser Dränagelöcher bohren, eine Schicht Tonscherben einfüllen und darauf Erde mit verrottetem Stallmist geben. Sie können auch wasserspeichernde Gelkristalle (aus Gärtnereien) untermischen.

2 Den Rhabarber so in die Erde pflanzen, dass der Wurzelhals herausschaut. Hier erscheinen die neuen Triebe. Stets feucht halten. Jährlich im Frühling die oberste Substratschicht erneuern und ein Düngergranulat untermischen.

3 Zum Treiben und Bleichen zwischen Spätwinter und zeitigem Frühling eine Plastiktonne oder einen Bleichtopf aus Ton über die Pflanze stülpen, damit sie kein Licht bekommt. Einen Monat später kann geerntet werden.

Kohlrabi

Kohlrabi sieht gut aus, schmeckt lecker und ist unkompliziert anzupflanzen – perfekt für den Kübel. Die verdickten Stängelknollen haben knackiges, mild-würziges Fleisch unter einer grünen oder violetten Schale. Vom zeitigen Frühling bis zum Spätsommer alle zwei bis drei Wochen kleine Portionen 1 cm tief direkt in Kübel säen oder in Schalen und Töpfen vorziehen, um später Lücken in Kübeln zu füllen. Je nachdem, wie groß die Knollen werden sollen, brauchen die Pflanzen Abstände von 10–20 cm. Am besten schmecken sie jung. Regelmäßig gießen und an einen sonnigen Platz stellen.

Pflege und Ernte Kohlrabi regelmäßig gießen, damit sie gleichmäßig wachsen. Die ersten Saaten in kalten Nächten abdecken, sonst könnten sie vorzeitig in Saat schießen. Nach etwa zehn Wochen können Sie ernten, wenn die Knollen etwas größer als Golfbälle sind. Nicht viel größer werden lassen, sonst können sie holzig werden. Die Knollen vertragen leichten Frost (violette Sorten mehr als weiße und grüne) und können den Herbst hindurch bis in den Winter geerntet werden: einfach aus der Erde ziehen. Die Knollen und die Blätter schmecken roh gut, man kann sie aber auch dünsten oder für schnelle Gemüse-Pfannengerichte verwenden.

Dekorative, knackige Kohlrabi gedeihen im Kübel gut und machen wenig Arbeit. Sie müssen nur vor Schnecken geschützt werden.

Kaufen Sie im Spätfrühling gesunde, junge Sellerie-Jungpflanzen, denn die Aussaat ist nicht ganz einfach. Außerdem benötigen Sie meist nur wenige Pflanzen.

Knollensellerie

Die knubbeligen Knollen sehen etwas merkwürdig aus, schmecken aber großartig. Weil sie langsam wachsen und viel Wasser brauchen, ist die Kultur im Kübel nicht ganz einfach, aber experimentierfreudige Gärtner und Feinschmecker sollten es unbedingt probieren. Sie können Sellerie in Schalen im Haus vorziehen oder später in der Saison Jungpflanzen kaufen und in Einzeltöpfe setzen. Nach dem Abhärten im Spätfrühling oder Frühsommer *(siehe S. 36)* die Pflanzen mit Abständen von 25 cm in größere Gefäße auspflanzen.

Pflege und Ernte Regelmäßig gießen. Bei heißem Wetter darf die Erde nie austrocknen. Wöchentlich einen Dünger für Wurzelgemüse geben und die untersten, alten Blätter entfernen, wenn die Knollenbildung beginnt. Geerntet wird ab Herbst und den ganzen Winter über. Denken Sie daran, dass man auch die Blätter, die ein kräftiges Selleriearoma haben, essen kann.

Küchenkräuter

Kräuter sind ideal für die ersten Anbau-
versuche. Sie brauchen wenig Platz und
wachsen prima in Ampeln, auf der Fensterbank oder zwischen Gemüsepflanzen.

Welche Kräuter?

Wer noch nie Kräuter gezogen hat, sollte mit Mehrjährigen wie Majoran und Thymian beginnen. Sie stammen aus
heiß-trockenem Klima und brauchen durchlässigen Boden
und viel Sonne, um ein gutes Aroma zu entwickeln. Minze
und Schnittlauch sind ebenso unkompliziert, haben es aber
gern etwas feuchter und vertragen auch etwas Schatten.
Einjährige Kräuter wie Basilikum und Koriander am besten
vom Frühling an portionsweise säen. Petersilie können
Sie zeitig im Frühling aussäen oder später Jungpflanzen
kaufen. Sie kann geerntet werden, bis sie im folgenden
Frühjahr Samen bildet.

Pflege und Ernte Kräuter brauchen gute Dränage, schießen aber in Saat, wenn sie austrocknen. Ernten Sie oft,
denn dadurch wird die Bildung neuer Triebe angeregt. Im
Herbst können Sie die Töpfe auf sonnige Fensterbänke im
Haus stellen und bis in den Winter ernten.

Ein Hängekorb mit Kräutern wie Basilikum, Majoran und
Schnittlauch. Das sogenannte Currykraut (*Helichrysum ita-
licum*) duftet würzig, eignet sich aber nur zur Dekoration.

Strauchige Kräuter

Lorbeer, Rosmarin und Salbei fühlen sich in Kübeln sehr
wohl. Salbei wächst schnell. Kaufen Sie kleine Pflanzen,
die gelegentlich umgetopft werden. Lorbeer und Rosmarin
wachsen langsamer. Wenn Sie gern ein Hochstämmchen
hätten, lohnt sich die Anschaffung einer größeren Pflanze.
Diese Kräuter mögen nährstoffreiches, aber durchlässige
Erde. Klötzchen unter den Kübeln verhindern, dass sie im
Nassen stehen. An einen Sonnenplatz stellen.

Pflege und Ernte Rosmarin und Salbei nach der Blüte
zurückschneiden, damit sie buschig wachsen und neu
austreiben. Lorbeerstämmchen regelmäßig in Form
schneiden. Vorsichtig gießen und im Winter Rosmarin und
Lorbeer ins Haus stellen.

Lorbeerstämmchen mit geflochtenen Stämmen und
buschigen Kronen sind herrlich anzuschauen. Alle zwei
Jahre in einen etwas größeren Kübel umpflanzen.

Einen Kräutertopf bepflanzen

Ein einziger Topf kann einen ganzen Kräutergarten beherbergen, und mit immergrünen Arten sieht er rund ums Jahr gut aus. Sie können auch einjährige Sommerblumen als Farbtupfer mit den Kräutern kombinieren, solange alle Topfbewohner ähnliche Bedürfnisse haben. Von Minze ist allerdings abzuraten, weil sie stark wuchert und andere Pflanzen unterdrückt. Nach ein bis zwei Jahren müssen alle Pflanzen in größere Gefäße umziehen.

1 In einen großen Kräutertopf mit seitlichen Öffnungen und Dränagelöchern im Boden eine dicke Schicht Tonscherben geben. Darauf füllen Sie bis knapp unter die oberen Löcher gute Universalerde.

2 Kriechende und hängende Pflanzen passen in die Löcher. Aus den Töpfen nehmen und in Zeitungspapier wickeln, um die Blätter zu schützen. In die Löcher schieben und das Papier abnehmen. Alle Löcher so bepflanzen.

3 Erde einfüllen, bis die Wurzelballen bedeckt sind, und gut andrücken. Weitere Kräuter in Töpfen auf die Oberfläche stellen, um verschiedene Anordnungen auszuprobieren. Dabei die spätere Höhe und Ausbreitung berücksichtigen.

4 Die Kräuter gießen, aus den Töpfen nehmen und an ihre Plätze setzen. Ringsherum Erde einfüllen und andrücken. Dabei keine Triebe oder Blätter eingraben. Den Topf an seinen Platz stellen und nochmals begießen.

Erdbeeren und Brombeeren

Beeren schmecken einfach nach Sommer, vor allem, wenn sie direkt nach der Ernte gegessen werden. Die Pflanzen gedeihen gut in Kübeln, wenn sie genug Wasser bekommen. Sie müssen nur beim Ernten den Vögeln zuvorkommen.

Brombeeren

Moderne Kulturbrombeeren sind zwar mit der Wildform verwandt, sie wuchern und stechen aber nicht und tragen größere, süßere Früchte. Wer solche Sorten pflanzt, kann sich auf zarte, weiße Blüten und eine gute Ernte freuen. Pflanzen Sie Ihren Brombeerstrauch im Frühwinter oder zeitigen Frühjahr in einen Kübel mit 45 cm Durchmesser in hochwertige Erde. Den Kübel in die Sonne oder den Halbschatten stellen.

Pflege und Ernte Auch kompakte Sorten bilden lange Ruten, die angebunden werden sollten. An Stützen oder Spalieren können Sie auch Netze befestigen, um die Beeren vor Vögeln zu schützen. Die Erde nicht austrocknen lassen und ernten, wenn die Beeren prall und schwarz sind. Ruten, die Früchte getragen haben, nach der Ernte über dem Boden abschneiden. Neue Ruten anbinden. Im Frühling die oberste Substratschicht erneuern und Universaldünger aufstreuen. Alle zwei Jahre umtopfen.

Robuste, wuchsfreudige Brombeeren leiden kaum an Schädlingen und gedeihen in Sonne und Halbschatten. Darum sind sie das ideale Beerenobst für Einsteiger.

Erdbeeren

Erdbeeren schmecken am allerbesten, wenn man sie sonnenwarm direkt von der Pflanze nascht. Konventionelle Sorten tragen etwa drei Wochen lang. Wer genug Platz hat und länger ernten möchte, kann frühe, mittelfrühe und späte Sorten pflanzen. Eine Alternative sind Monatserdbeeren, die vom Spätsommer bis zum ersten Frost immer neue Früchte bilden. Pflanzt man Erdbeer-Jungpflanzen im Spätsommer oder Frühherbst, kann man schon im Folgejahr ernten. Mehrere Pflanzen in einen großen Kübel mit guter Dränage pflanzen und an einen Sonnenplatz stellen.

Pflege und Ernte Die Erde feucht halten. Wenn sich Beeren bilden, alle zwei Wochen Tomatendünger geben. Die Früchte pflücken, sobald sie rot sind, und bis dahin mit Netzen vor Vögeln schützen. Alle drei Jahre die Pflanzen gegen neue austauschen, denn mit dem Alter werden sie krankheitsanfällig und tragen weniger.

Diese Erdbeeren tragen Früchte an langen Stielen. Besonders hübsch sehen die Pflanzen in speziellen Erdbeertöpfen mit »Balkonen« auf mehreren Etagen aus.

Erdbeeren in der Ampel

Mit Ampeln kann man wertvolle Pflanzfläche gewinnen. Besonders schön sehen sie aus, wenn reifende Erdbeeren über den Rand des Kübels hängen. Schnecken und Vögel mögen Erdbeeren gern, haben aber wenig Chancen, sich aus Ampeln zu bedienen. Es besteht keine Gefahr, dass die Früchte auf feuchter Erde liegen und faulen. Und wenn die Ampel nicht zu hoch hängt, ist auch die Ernte eine bequeme Angelegenheit.

1 Die Ampel auf einen Kübel setzen, damit sie beim Bepflanzen fest steht. Mit stabiler Plastikfolie auskleiden, damit Erde und Wasser drinnen bleiben. Einige Dränagelöcher in die Folie schneiden, sonst droht Staunässe.

2 Die Erdbeerpflanzen gießen. Universalerde in die Ampel geben, nach Belieben wasserspeichernde Gelkristalle (in der Gärtnerei fragen) zufügen. Die Pflanzen so einsetzen, dass der Wurzelballen 2,5 cm unter dem Ampelrand liegt.

3 Erde rings um die Wurzelballen einfüllen und andrücken. Die Ampel nicht bis zum Rand füllen, sonst läuft das Gießwasser über. Die Erdbeeren nur so tief einpflanzen, wie sie in den vorherigen Töpfen saßen.

4 Die Ampel gießen und abtropfen lassen, dann an einen stabilen Haken oder Wandhalter hängen. An warmen Tagen täglich gießen. Wenn sich Früchte bilden, alle zwei Wochen mit Tomatendünger versorgen.

Beeren am Strauch

Beerensträucher tragen zuverlässig und sehen im Sommer mit den farbenfrohen Früchten hübsch aus. In großen Kübeln wachsen sie zu stattlicher Größe heran und brauchen außer gelegentlichem Schnitt kaum Pflege.

Heidelbeeren

Heidelbeersträucher sind mit ihren frisch-grünen Blättern, den weißen Glockenblüten und den prallen, blauschwarzen Beeren, die vom Hochsommer bis in den Herbst reifen, ein schöner Anblick. Sie werden im Herbst oder Frühling gepflanzt und brauchen sauren Boden – verwenden Sie darum unbedingt Moorbeetsubstrat aus der Gärtnerei. Heidelbeeren gedeihen in Sonne und Halbschatten. Manche Sorten sind Selbstbestäuber, tragen also auch bei Einzelpflanzung. Meist fallen die Erträge aber besser aus, wenn man mehrere Sträucher pflanzt.

Pflege und Ernte Die Erde feucht halten und während der Wachstumssaison monatlich einen Rhododendrondünger geben. Alle zwei Jahre in einen etwas größeren Kübel umpflanzen. Krankheiten und Schädlinge treten selten auf, aber die reifenden Beeren sollten mit Netzen vor Vögeln geschützt werden. Abgestorbene oder beschädigte Triebe im Winter über dem Boden abschneiden.

1 Auf den Boden eines großen Kübels Tonscherben geben, darauf Moorbeeterde füllen. Den Topf, in dem der Strauch saß, in die Mitte stellen, um den Strauch in der richtigen Tiefe zu pflanzen. Ringsherum Erde einfüllen.

2 Den Plastiktopf herausnehmen und den Strauch ins Pflanzloch setzen. Die Erde um den Wurzelballen andrücken, dann etwas Erde auf der Oberfläche verteilen. Zum Schluss den Heidelbeerstrauch gründlich angießen.

3 In die Sonne oder den Halbschatten stellen. Wenn die Beeren reifen, Stangen wie ein Zelt aufstellen und ein Netz darüber hängen, um Vögel auf Abstand zu halten. Zum Ernten heben Sie einfach das Netz hoch.

Stachelbeeren

Auf dem Markt sind Stachelbeeren oft teuer, dabei gedeihen sie gut in Kübeln oder Kästen. Während der Ruhezeit zwischen Spätherbst und Spätwinter können Sie Ihren Stachelbeerstrauch in einen Kübel mit etwa 40 cm Durchmesser in eine gute Universalerde pflanzen und an einen sonnigen oder leicht schattigen Platz mit guter Luftzirkulation stellen. Stachelbeeren sind Selbstbestäuber, Sie brauchen also nur einen Strauch. Man kann sie gut an Mauern oder Zäunen als Kordon ziehen. Das sieht attraktiv aus und spart Platz.

Pflege und Ernte Damit die Erde nicht austrocknet, muss regelmäßig gegossen werden – aber nicht zu viel, sonst platzen die Früchte. Wenn die Blätter austreiben, alle zwei Wochen einen Tomatendünger verabreichen. Stachelbeeren können vom Frühsommer an geerntet werden, allerdings werden sie süßer und aromatischer, wenn man etwas mehr Geduld hat. Netze schützen die Beeren vor gefräßigen Vögeln. Gelegentlich können Stachelbeermehltau und die Stachelbeersägewespe lästig werden.

Grüne Stachelbeeren sind recht herb, eignen sich aber sehr gut für Marmelade und Kompott. Die roten Sorten sind süßer. Beide kann man frisch vom Strauch genießen.

Johannisbeeren

Diese wuchsfreudigen Sträucher brauchen große Kübel mit mindestens 45 cm Durchmesser und Tiefe. Die Früchte kann man gut einfrieren oder für Marmelade und Gelee verwenden. Gepflanzt wird im Spätherbst bis Spätwinter in hochwertige Universalerde. Empfehlenswert ist ein etwas windgeschützter Platz in voller Sonne oder lichtem Schatten. Schwarze Johannisbeeren tief pflanzen und gleich danach alle Triebe auf 5 cm zurückschneiden, um den Neuaustrieb anzuregen. Die Triebe von Roten und Weißen Johannisbeeren nach der Pflanzung auf die Hälfte kürzen. Feucht halten und von Frühling bis Frühsommer alle zwei Wochen mit Tomatendünger versorgen.

Rote Johannisbeeren sehen verführerisch aus. Wer wenig Platz hat, zieht die langen Triebe an Drähten an einer Mauer oder einem Zaun.

Schwarze Johannisbeeren sind besonders aromatisch. Die neueren, kompakten Sorten eignen sich für die Pflanzung in Kübeln am besten.

Weiße Johannisbeeren findet man nur selten im Handel. Ihr herb-frischer Geschmack ähnelt dem der roten Verwandten.

Obstbäumchen in Kübeln

Viele Obstbäume bringen bei richtiger Pflege im Kübel überraschende Erträge. Kaufen Sie kleinwüchsige Züchtungen oder Bäume, die auf einer schwach wachsenden Unterlage veredelt sind.

Auswahl und Pflanzung

Für Kübel empfehlen sich kleinwüchsige Selbstbestäuber, die auch ohne einen Bestäubungspartner Früchte bilden. Äpfel, Birnen, Pflaumen, Kirschen, Feigen, Pfirsiche und Nektarinen gedeihen im Kübel, wenn sie genügend gegossen werden. Geeignet sind Bäume, die auf schwach wachsender Unterlage veredelt sind, etwa „M9" für Äpfel oder „Pixy" für Pflaumen und Aprikosen. Die Unterlage „M27" für Äpfel hat sich im Kübel, der das Wurzelwachstum beengt, weniger bewährt. Die Bäumchen in Kübel mit etwa 50 cm Durchmesser und einer guten Universalerde pflanzen. Klötzchen unter dem Kübelboden beugen Staunässe vor. Den Kübel auf eine warme, geschützte Terrasse stellen und die Erde immer feucht halten.

Pflege und Ernte Im Frühling mit Universaldünger versorgen und jährlich umtopfen, bis die Bäumchen ausgewachsen sind. Die Wärmeabstrahlung einer Südwand fördert die Fruchtreifung, Sie müssen aber öfter gießen.

Zwerg-Pfirsich Obstzwerge im Kübel kann man ab der Wintermitte unter Dach stellen, um die Blüten vor Frost zu schützen und das Risiko der Kräuselkrankheit *(siehe S. 109)* einzudämmen. Die Blüten mit einem weichen Pinsel bestäuben und die Früchte später ausdünnen.

Feigen bilden im Kübel, der den Wurzelballen etwas beengt, sogar mehr Früchte als außerhalb. Vor eine sonnige Wand stellen und im Winter schützen. Im Herbst unreife Früchte abpflücken, aber die Fruchtansätze stehen lassen.

Kirschen Die wüchsigen Bäume am besten am Wandspalier ziehen. Mit Netzen vor Vögeln schützen und nach der Ernte die Zweige, die getragen haben, bis zu jungen Seitentrieben oder Knospen zurückschneiden.

Aprikosen brauchen warme Sommer, um gut zu tragen. Vor eine warme Wand stellen und die Blüten mit Vlies vor Frost schützen. An warmen Tagen das Vlies abnehmen, damit Insekten die Blüten bestäuben können.

Ein Apfelbäumchen im Kübel

Apfelbäume sind, wie andere Obstbäume auch, mit ihren hübschen Blüten und den bunten Früchten ein schöner Blickfang. Pflanzen Sie ein Bäumchen in einen großen Kübel mit Dränagelöchern. Wählen Sie einen sonnigen, geschützten Platz, damit Insekten den Baum bestäuben und der Wind ihn nicht umkippt. Kaufen Sie einen zwei- oder dreijährigen Baum auf schwach wachsender Unterlage *(siehe gegenüber)*, der bereits beschnitten ist.

1 Auf dem Kübelboden Tonscherben oder Kiesel verteilen. Darauf Universalerde geben und ein langsam lösliches Düngergranulat sorgsam dosiert untermischen.

2 Den Baum gießen, aus dem Container nehmen und so in den Kübel stellen, dass der Wurzelballen 5 cm unter dem Kübelrand liegt. Die Wurzeln vorsichtig lockern.

3 Den Baum in die Kübelmitte rücken, ringsherum Erde einfüllen und andrücken. Der Baum muss so tief gepflanzt werden, wie er vorher im Container saß.

4 Gut angießen und eine Schicht verrotteten Stallmist als Mulch auflegen, aber etwas Abstand zum Stamm lassen. Die Erde stets feucht halten, aber Staunässe vermeiden. Kranke und abgestorbene Zweige regelmäßig entfernen.

Zitrusfrüchte

Mit den glänzenden, immergrünen Blättern, den duftenden Blüten und den farbigen Früchten sind Zitruspflanzen sehr dekorative Kübelbewohner. Im Winter reifen die Früchte im Haus, im Sommer ziehen sie wieder auf die Terrasse um.

Mini-Orangen

Calamondin-Orangen bilden das ganze Jahr kleine Früchte von Mandarinengröße. Das säuerliche Fruchtfleisch eignet sich gut für Getränke und Marmelade. Die Bäumchen in Universalerde oder spezielles Zitrussubstrat pflanzen und eine Mulchschicht auflegen, um die Verdunstung von Wasser zu verringern. Den Kübel in die volle Sonne stellen, aber vor kaltem Wind und Zugluft schützen.

Pflege und Ernte Calamondin-Orangen sind robust und nehmen sogar leichten Frost nicht übel, zur Fruchtreifung brauchen sie aber ganzjährig Wärme. Überwintern Sie den Baum in einem kühlen, hellen Raum. Im Frühling nach den letzten Frösten kann er wieder auf die sonnige Terrasse gestellt werden. Die Wurzeln feucht halten, aber Klötzchen unter den Kübelboden legen, um Staunässe zu vermeiden. Alle zwei Wochen mit speziellem Zitrusdüngern für die jeweilige Saison versorgen. Jährlich umtopfen, bis die Bäumchen ausgewachsen sind.

1 Der Kübel sollte einen etwa 8 cm größeren Durchmesser haben als der Wurzelballen. Unbedingt Dränagelöcher bohren, falls keine vorhanden sind. Zitrusbäume vertragen keine Staunässe. Das Bäumchen durchdringend gießen.

2 Tonscherben und eine Schicht Erde in den Kübel füllen. Den Baum aus seinem Topf nehmen und so in den Kübel stellen, dass der Wurzelballen 5 cm unter dem Rand liegt. Ringsherum Erde einfüllen, andrücken und gießen.

3 Eine mindestens 2,5 cm dicke Mulchschicht auflegen, um die Verdunstung zu verringern. Den Kübel auf einen Untersetzer mit Kieseln und Wasser stellen, denn Zitrusbäume mögen gern hohe Luftfeuchtigkeit.

Zitronen

Ein Zitronenbaum mit Früchten in einem klassischen Terrakottakübel ist ein herrlicher Anblick. Wo die Temperatur nicht unter 11 °C sinkt, wächst er ganzjährig und trägt gleichzeitig duftende Sternblüten und reifende Früchte. Alle Zitrusarten sind Selbstbestäuber, tragen also auch ohne einen Bestäubungspartner Früchte. Zitronen brauchen gute Dränage, achten Sie darum auf Löcher im Kübelboden, geben Sie Tonscherben unter die Erde, und stellen Sie den Kübel auf Klötzchen. Den Baum in Universalerde oder spezielles Zitrussubstrat pflanzen und an einen sonnigen Platz stellen: im Sommer draußen, im Winter im Haus.

Pflege und Ernte Zitronenbäume vertragen keinen Frost und müssen ins Haus geholt werden, bevor es kalt wird. Den Sommer sollten sie aber im Freien in der Sonne verbringen. Gießen Sie erst, wenn sich die Substratoberfläche trocken anfühlt. Die Erde aber nie ganz austrocknen lassen. Zum Düngen sollten Sie, wie für Calamondin-Orangen, spezielle, auf die Jahreszeit zugeschnittene Produkte verwenden *(siehe gegenüber)*.

Zitronenbäume tragen ganzjährig, wenn sie im Winter kühl, aber frostfrei, und im Sommer warm stehen. Warme Heizungsluft bekommt ihnen jedoch nicht.

Orangen

Alle Orangensorten gedeihen gut in großen Kübeln, Frost verträgt jedoch keine. Süße Sorten wie Blut- und Navelorangen brauchen Temperaturen um 18 °C, damit die Früchte ausreifen. Sevilla-Orangen sind nicht ganz so wärmebedürftig. Ihre säuerlichen Früchte eignen sich gut für Marmelade. Auf Dränagelöcher im Kübelboden achten und in Universalerde oder spezielles Zitrussubstrat pflanzen. Im Freien an einen sonnigen, windgeschützten Platz stellen. Im Haus vor kalter Zugluft schützen.

Pflege und Ernte Orangenbäumchen mögen keine starken Temperaturschwankungen. Im Winter am besten an einen kühlen, hellen Platz im Haus stellen, nach den letzten Frösten an einen geschützten Platz im Freien. Im Haus auf einen Untersatz mit Kieseln und Wasser stellen, um die Luftfeuchtigkeit zu erhöhen. Gießen, wenn sich die Substratoberfläche noch feucht anfühlt, und wie Calamondin-Orangen düngen *(siehe gegenüber)*. Es kann sechs Monate dauern, bis die Früchte ihre volle Größe erreicht haben und reif sind.

Orangen werden vom Frühwinter bis in den Frühling geerntet. Versuchen Sie, ihnen Bedingungen wie in ihrer Heimat zu bieten: kühle Winter und warme Sommer.

Gestaltungs- ideen

Nutzpflanzen können ausgesprochen dekorativ sein. Ob Sie im Blumenkasten, auf der Terrasse oder dem Balkon gärtnern, hier finden Sie Anregungen und Einkaufslisten mit geeigneten Arten und Sorten, die Ihnen die Gestaltung erleichtern und die Möglichkeit eröffnen, vom Frühling bis in den Herbst Frisches aus eigener Ernte zu genießen.

Erklärung der Symbole

Ansprüche an den Boden

◌	Gut durchlässiger Boden
◍	Feuchter Boden
◌◍	Gut durchlässiger oder feuchter Boden

Bevorzugte Lichtverhältnisse

☼	Volle Sonne
☀	Halbschatten oder diffuses Sonnenlicht
☼☀	Volle Sonne oder Halbschatten

Frosthärte

✳✳✳	Winterhart
✳✳	Kann in milden Regionen oder an geschützten Plätzen im Freien überwintern
✳	Verträgt wenig oder keinen Frost

Verschiedene Kräuter

Unkomplizierte Kräuter sind ideal, wenn man mit dem Gärtnern beginnt. Sie liefern über viele Wochen frische Würze für die Küche. Diese beiden Terrakotta-kübel sind hauptsächlich mit immergrünen Kräutern bepflanzt, die Jahr für Jahr aromatische Blätter tragen. Petersilie sollte man in einen separaten Topf pflanzen, weil sie im zweiten Jahr Samen bildet und ersetzt werden muss. Besonders hübsch sind Kräuter mit gold-gelbem Laub. Zu den Blüten der Kräuter passen auch Sommerblumen wie Petunien und blaue Gänseblümchen (*Brachyscome iberidifolia*) (*großes Foto*).

Gelbblättriger Majoran
❋❋❋ ⬤ ☀

Krause Petersilie
❋❋❋ ⬤ ⬤ ☀ ☀

Kurz gefasst

Größe Großer Kübel mit mindestens 25 cm Durchmesser, kleiner Topf mit ca. 15 cm Durchmesser
Eignung Platz in Küchennähe
Grundlage Universalerde oder erdiger Kompost
Lage Volle Sonne

Einkaufsliste

- 1 x gelbblättriger Majoran
- 1 x Krause Petersilie
- 1 x Echter Salbei (*Salvia officinalis* 'Tricolor')
- 1 x Lorbeer
- 1 x Schnittlauch
- 1 x gelbblättriger Zitronenthymian

Echter Salbei (*Salvia officinalis* 'Tricolor')
❋❋❋ ⬤ ☀

Lorbeer
❋❋❋ ⬤ ☀

Pflanzung und Pflege

Die Kräuter können im Frühling gepflanzt werden, die empfindlicheren Sommerblumen erst, wenn kein Frost mehr droht. Töpfe mit Dränagelöchern verwenden und eine Schicht Erde einfüllen. Thymian und Blumen in die seitlichen Löcher pflanzen, dann Erde auffüllen und die restlichen Kräuter von oben in den Kübel pflanzen. Petersilie und Blumen in den kleineren Topf pflanzen. Die Erde im Sommer nie austrocknen lassen, im Winter sparsam gießen. Wenn die Pflanzen angewachsen sind, ernten.

Schnittlauch
❋❋❋ ⬤ ⬤ ☀ ☀

Gelbblättriger Zitronenthymian
❋❋❋ ⬤ ☀

Aus dem Kasten in die Küche

In großen Kästen oder Trögen kann man Gemüse für die Küche anbauen und sogar noch einige bunte Blumen unterbringen. Hier leuchten Mini-*Tagetes* zwischen verschiedenstem Gemüse. Weil Lauch und Sellerie langsam wachsen, kann dazwischen eine Reihe Radieschen gesät werden. Wenn das Herbstgemüse mehr Platz braucht, sind sie längst geerntet. Im Hintergrund recken sich Erbsen und Buschbohnen an verzweigten Reisern in die Höhe.

Kurz gefasst

Größe Holztrog, 85 cm x 1,2 m
Eignung Terrasse oder Hof, wo die Höhe genutzt werden kann
Grundlage Universalerde
Lage Volle Sonne, windgeschützt

Einkaufsliste

- 3 x Knollensellerie
- 2 x *Tagetes*
- 7 x niedrige Buschbohne, etwa 'Andante'
- 15 x Erbse, etwa 'Kelvedon Wonder'
- 25 x Radieschen, etwa 'Mirabeau'
- 7 x Lauch

Pflanzung und Pflege

Nach dem letzten Nachtfrost den Trog zunächst mit einer Dränageschicht Kies oder grobem Sand füllen. Abflusslöcher nicht vergessen. Dann bis 8 cm unter dem Rand mit Erde füllen. Hinten eine Reihe Erbsen säen und Reiser dazustecken, an denen sie hochklettern können. Davor eine Reihe Buschbohnen säen und davor eine Reihe Lauch-Jungpflanzen setzen *(siehe S. 55)*. Ganz vorn wird Knollensellerie gepflanzt. In die Zwischenräume zwischen Sellerie und Lauch säen Sie die Radieschen. Zum Schluss pflanzen Sie die Mini-*Tagetes* in die Ecken. Angießen und später die Erde feucht halten. Regelmäßig düngen, wenn die Pflanzen angewachsen sind.

Knollensellerie
❄❄ ◐ ☼

Tagetes
❄ ◌ ☼

Niedrige Buschbohne 'Andante'
❄ ◌ ◐ ☼

Erbse 'Kelvedon Wonder'
❄❄ ◌ ◐ ☼

Radieschen 'Mirabeau'
❄❄ ◌ ◐ ☼ ☼

Lauch
❄❄❄ ◌ ☼

Für die mediterrane Küche

Verzaubern Sie eine sonnige Ecke Ihrer Terrasse mit diesem Ensemble aus Fruchtgemüse und Blumen. Tomaten wachsen schnell an Stützen in die Höhe oder lassen ihr gezacktes Laub und die verlockenden Früchte dekorativ über Kübelränder hängen. Probieren Sie verschiedene Sorten, zum Beispiel die gestreifte 'Tigerella', die kleine Kirschtomate 'Conchita' und die orange 'Sungold'. Auberginen haben ähnliche Ansprüche und sehen mit ihrem silbrigen Laub und den rosa Blüten in Kübeln sehr hübsch aus. Orangefarbene Ringelblumen setzen einen feurigen Farbakzent.

Ringelblume (*Calendula*)
❄ ❄ ❄ ◊ ☼

Aubergine
❄ ◊ ☼

Kurz gefasst

Größe Kübel mit mindestens 25 cm Durchmesser für Tomaten und Auberginen; Topf mit 15 cm Durchmesser für Ringelblumen
Eignung Balkon oder Terrasse in voller Sonne, Wintergarten oder Gewächshaus
Grundlage Universalerde
Lage Warm, sonnig und windgeschützt

Einkaufsliste

- 1 x Ringelblume (*Calendula*)
- 1 x Aubergine
- 1 x Tomate 'Sungold'
- 1 x Tomate 'Tigerella'
- 1 x Tomate 'Conchita'

Pflanzung und Pflege

Die jungen Tomaten- und Auberginenpflanzen im späten Frühling abhärten *(siehe S. 36)*. Wenn kein Nachtfrost mehr droht, die Tomaten in Kübel pflanzen *(siehe S. 51)*. Aubergine und Ringelblumen so tief pflanzen, wie sie in ihrem vorherigen Topf standen. Alle Kästen und Kübel müssen Dränagelöcher haben. In Kübel mit hohen Tomaten Stützen stecken. Gefäße mit hängenden Tomaten höher stellen oder aufhängen. Die Erde nie austrocknen lassen. Wenn sich Früchte bilden, mindestens einmal wöchentlich Tomatendünger geben.

Tomate 'Sungold'
❄ ◊ ☼

Tomate 'Tigerella'
❄ ◊ ☼

Tomate 'Conchita'
❄ ◊ ☼

Gemischter Salat

Diese unkomplizierten Salate, Kräuter und essbaren Blüten sind schon sechs Wochen nach der Aussaat erntereif. Roter und hellgrüner Pflücksalat, in Reihen in eine Zinkwanne gesät, bilden schnell einen Schopf aus gewellten Blättern. Über den Rand des Korbs quellen gekräuselte Blätter des Pflücksalats 'Multigreen' und Senf, dahinter leuchten Ringelblumen. Im dritten Topf duftet unter hohen Schmuckkörbchen weiß marmorierter Zitronenthymian, der seine Blüten im Sommer öffnet. Wenn man gleichmäßig verteilt einzelne Blätter schneidet, wächst der Salat wochenlang üppig.

Kurz gefasst

Größe Rustikale Gefäße von ungefähr 20 cm x 45 cm Größe
Eignung Terrasse oder Kiesgarten
Grundlage Universalerde
Lage Volle Sonne oder Halbschatten

Einkaufsliste

- 1 x Tüte Samen für Salat 'Dazzle'
- 1 x Tüte Samen für Pflücksalat 'Bionda a Foglia'
- 1 x Tüte Samen für Pflücksalat 'Multigreen'
- 2 x Ringelblume *(Calendula)*
- 1 x Tüte Samen für Senf 'Red Giant'
- 1 x Zitronenthymian
- 3 x *Cosmos (nach Belieben)*

Pflanzung und Pflege

Den Korb mit stabiler Plastikfolie auskleiden. Alle Gefäße müssen Dränagelöcher haben. Ab Frühlingsmitte noch eine Kiesschicht bis 5 cm unter dem Rand mit Erde füllen, Thymian und Ringelblumen einpflanzen. Die Schmuckkörbchen erst nach dem letzten Frost pflanzen. Die Substratoberfläche glätten und Samen für Senf und Salat dünn aufstreuen. In der Zinkwanne die Salatsorten in separaten Reihen säen. Dünn Erde über die Samen sieben, dann gießen. Feucht halten, weil Salat sonst schnell in Saat schießt.

Salat 'Dazzle'
❄ ◌ ◑ ☼ ☀

Pflücksalat 'Bionda a Foglia'
❄ ◌ ◑ ☼ ☀

Pflücksalat 'Multigreen'
❄ ◌ ◑ ☼ ☀

Ringelblume *(Calendula)*
❄❄❄ ◌ ☼

Senf 'Red Giant'
❄❄ ◌ ☼

Zitronenthymian
❄❄❄ ◌ ☼

Paprika-Parade

Peppen Sie Balkon oder Terrasse mit einer kunterbunten Mischung aus scharfen und milden Paprikasorten auf. Die buschigen Pflanzen mit den kleinen, weißen Blüten und den Früchten in Gelb, Rot, Orange oder Violett machen in Kübeln eine gute Figur. Zu den bunten Früchten passen Kübel in knalligem Orange, kühlem Blau oder warmem Terrakotta. Gelbgrüner Majoran und duftiges Spanisches Gänseblümchen *(Erigeron karvinskianus)*, das den Sommer über zierliche Strahlenblüten in Rosa und Weiß trägt, sind ideale Begleitpflanzen, weil sie ähnliche Ansprüche an Erde und Lichtverhältnisse stellen.

Kurz gefasst

Größe Töpfe mit mindestens 20 cm Durchmesser
Eignung Terrasse oder Balkon (geschützt), Wintergarten oder Gewächshaus
Grundlage Universalerde
Lage Volle Sonne im Haus oder im Freien

Einkaufsliste

- 1 x Chilipaprika 'Numex Twilight'
- 1 x Chilipaprika 'Fresno'
- 1 x Gemüsepaprika 'Sweet Banana'
- 1 x Spanisches Gänseblümchen *(Erigeron karvinskianus)*
- 1 x gelbgrüner Majoran

Pflanzung und Pflege

Alle Paprikapflanzen abhärten und erst nach dem letzten Frost ins Freie pflanzen *(siehe S. 36)*, alternativ im Haus aufstellen. Die Dränagelöcher der Töpfe mit Tonscherben bedecken, darauf etwas Erde füllen. In die Mitte je eine Paprikapflanze setzen. Sie muss so tief in der Erde sitzen wie in ihrem vorherigen Topf. Andrücken und gießen *(siehe auch S. 50)*. Später gießen, wenn sich die Substratoberfläche trocken anfühlt. Sobald sich Früchte bilden, alle zwei Wochen Tomatendünger geben. Bei starkem Fruchtansatz die Pflanzen stützen.

Chilipaprika 'Fresno'
❄ ◌ ☀

Chilipaprika 'Numex Twilight'
❄ ◌ ☀

Gemüsepaprika 'Sweet Banana'
❄ ◌ ☀

Spanisches Gänseblümchen
❄❄❄ ◌ ☀

Gelbgrüner Majoran
❄❄❄ ◌ ☀

Tomatenampel mit Kräutern

Ampeln schaffen wertvollen Raum für Pflanzen. Statt Sommerblumen sieht auch eine Kombination aus Kräutern, Tomaten und essbaren Blüten sehr dekorativ aus. Die Ampel muss groß und tief sein, damit die Pflanzen sich gut ausbreiten können. Feuerrote Kapuzinerkresse, Kirschtomaten, Zimtbasilikum und Stiefmütterchen in kühlem Blau bilden eine Kombination, die Aufsehen erregen wird. Wenn Sie regelmäßig gießen und düngen, können Sie den ganzen Sommer lang aus Ihrer Genießerampel ernten.

Kurz gefasst

Größe Ampel mit mindestens 30 cm Durchmesser
Eignung Gut erreichbarer Hängeplatz
Boden Universalerde
Lage Volle Sonne, windgeschützt

Einkaufsliste

- 2 x Tomate 'Tumbler'
- 2 x Schnittlauch
- 2 x Petersilie 'Mooskrause'
- 2 x Stiefmütterchen
- 2 x Kapuzinerkresse (*Tropaeolum*) 'Empress of India'
- 1 x Zimtbasilikum

Pflanzung und Pflege

Basilikum, Tomaten und Kapuzinerkresse sind kälteempfindlich und werden erst nach dem letzten Frost gepflanzt. Die Ampel mit Folie auslegen, einige Dränagelöcher hineinstechen. Etwas Kies und dann Universalerde einfüllen und nach Wunsch wasserspeichernde Gelkristalle untermischen. Zuerst verschiedene Anordnungen ausprobieren, dann die Pflanzen gießen, aus den Töpfen nehmen und einpflanzen – die hängenden Tomaten am Rand der Ampel. Gut andrücken, angießen und an einen stabilen Haken hängen. Im Sommer täglich gießen und wöchentlich Tomatendünger geben, wenn sich die Früchte bilden.

Tomate 'Tumbler'
❄ ◌ ☀

Schnittlauch
❄❄❄ ◌ ◖ ☀ ◑

Petersilie 'Mooskrause'
❄❄❄ ◌ ◖ ☀ ◑

Stiefmütterchen
❄❄❄ ◌ ◖ ☀ ◑

Kapuzinerkresse 'Empress of India'
❄ ◌ ☀

Zimtbasilikum
❄ ◌ ☀

Grillgemüse

Auf einer sonnigen Terrasse kann man prima grillen, und hier fühlen sich auch Kübel mit Sommergemüse wohl, das gegrillt ausgezeichnet schmeckt. Eine Zucchinipflanze sieht mit ihren großen Blättern und gelben Blüten eindrucksvoll aus und bildet über mehrere Wochen durchschnittlich 20 Früchte. Kapuzinerkresse *(Tropaeolum)*, deren rote Blüten im Salat gut schmecken, schlängelt sich um die Zucchini. Im Hintergrund steht Mais, dessen Kolben vom Grill grandios schmecken. Und gleich nebenan steht ein Topf mit einer Paprikapflanze.

Kurz gefasst

Größe Zwei Kübel mit mindestens 60 cm und 20 cm Durchmesser
Eignung Terrasse oder Essplatz
Grundlage Universalerde mit etwas verrottetem Stallmist
Lage Volle Sonne, windgeschützt

Einkaufsliste

- 1 x Zucchini 'Safari'
- 3 x Zuckermais 'Earlybird'
- 1 x Paprika 'Neusiedler Ideal'
- 4 x Kapuzinerkresse *(Tropaeolum)* 'Red Wonder'

Pflanzung und Pflege

Zucchini, Paprika und Mais dürfen erst ins Freie gepflanzt werden, wenn keine Gefahr von Nachtfrost mehr besteht. Einen großen Kübel löchern, etwas Kies oder groben Sand einfüllen und bis 5 cm unter dem Rand mit Erde füllen. Die Pflanzen gießen, aus ihren Töpfen nehmen und einpflanzen – den Mais im Hintergrund, die Zucchini weiter vorn *(siehe auch S. 52–53)* und die Kapuzinerkresse dazwischen. Die Paprika bekommt einen kleineren Topf für sich allein *(siehe S. 50)*. Die Erde andrücken und die Pflanzen gut angießen. Sobald sich Früchte bilden, die Pflanzen wöchentlich mit Tomatendünger versorgen.

Zucchini 'Safari'
❄ ◌ ☼

Zuckermais 'Earlybird'
❄ ◌ ☼

Paprika 'Neusiedler Ideal'
❄ ◌ ☼

Kapuzinerkresse 'Red Wonder'
❄❄❄ ◌ ☼

Erdverbunden genießen

Leicht verwildert ist noch immer Trend. Alte Holzkisten, wettergegerbte Tonkübel und ein alter Jutesack dienen hier als Pflanzgefäße für unkompliziertes Wurzelgemüse. Rote Bete und Möhren sorgen mit ihrem ganz unterschiedlichen Laub in den Kisten für Kontraste, während das niedrige Schmuckkörbchen (*'Cosmos bipinnatus'*) mit der Farbe der Roten Bete korrespondiert. Den Hintergrund bildet das dunkelgrüne Laub der Kartoffeln, die stilecht in einem Sack wachsen, bis sie im Sommer geerntet werden.

Kurz gefasst

Größe Holzkisten 50 cm x 20 cm; Tonblumentopf mit 15 cm Durchmesser; großer Jutesack
Eignung Garten im ländlichen Stil
Grundlage Universalerde
Lage Volle Sonne, windgeschützt

Einkaufsliste

- 3 x Schmuckkörbchen 'Sonata'
- 1 x Tüte Samen für Rote Bete 'Boltardy'
- 1 x Tüte Samen für Möhre 'Adelaide'
- 3 x Pflanzkartoffeln, z. B. 'Kestrel'

Pflanzung und Pflege

Die Kartoffeln im zeitigen Frühling vorkeimen *(siehe S. 43)*. Kisten und Sack mit Folie auskleiden und mit einer Küchengabel Dränagelöcher stechen. Im mittleren Frühjahr die Kisten bis 5 cm unter dem Rand mit Erde füllen. Samen für Rote Bete und Möhren sparsam aufstreuen, dünn mit Erde bedecken und gießen. Den Sack zu einem Drittel mit Erde füllen. Die Kartoffeln einpflanzen und mit 15 cm Erde bedecken. Gießen. Später die Sämlinge von Möhren und Roten Beten ausdünnen (Abstände siehe Samentüten). Wenn sich Kartoffelblätter zeigen, Erde nachfüllen. Die Schmuckkörbchen nach dem letzten Frost pflanzen. Regelmäßig gießen und alle zwei Wochen einen Universaldünger geben.

Schmuckkörbchen 'Sonata'
❄ ◌ ◗ ☼

Rote Bete 'Boltardy'
❄ ❄ ❄ ◌ ☼

Möhre 'Adelaide'
❄ ❄ ❄ ◌ ☼

Kartoffel 'Kestrel'
❄ ◌ ◗ ☼

Beeindruckende Bohnen

Niedrige Buschbohnen gedeihen prächtig in Kübeln, und stattliche Kletterbohnen lassen sich gut an Spalieren oder Stangen ziehen. Hier bilden feuerrot blühende Prunkbohnen 'Enorma' und rosamarmorierte Buschbohnen 'Borlotto Lingua di Fuoco' den Hintergrund für niedrige Sorten, die bläulichrosa blühen und schlanke Früchte tragen. Die kompaktere Zwergprunkbohne 'Hestia', hellgelbe Kapuzinerkresse, verschiedene *Tagetes*-Sorten und Lobelien bringen noch mehr Farbe ins Spiel.

Kurz gefasst

Größe Kübel mit mindestens 45 cm Durchmesser für Bohnen; Töpfe mit 15 cm Durchmesser für die Blumen
Eignung Hof- oder Terrassenecke
Grundlage Universalerde
Lage Volle Sonne, windgeschützt

Einkaufsliste

- 5 x Prunkbohne 'Enorma'
- 4 x Stangenbohne 'Mombacher Speck'
- 3 x Zwergprunkbohne 'Hestia'
- 5 x Buschbohne 'Borlotto Lingua di Fuoco'
- 2 x Kapuzinerkresse 'Peach Melba'
- 3 x *Tagetes*

Pflanzung und Pflege

Die Bohnen im frühen bis mittleren Frühling im Haus aussäen und nach dem letzten Frost an ihren Platz pflanzen, nachdem sie abgehärtet wurden *(siehe S. 36)*. Sie können auch Jungpflanzen kaufen. Kübel mit Dränagelöchern und Kiesschicht oder Tonscherben bis 5 cm unter dem Rand mit Erde füllen. Stäbe für Stangenbohnen aufstellen, an jede eine Pflanze setzen *(siehe S. 48–49)* und anbinden. Buschbohnen in Abständen von etwa 20 cm pflanzen und Stäbe dazustecken, um sie zu stützen, wenn sie tragen. Reichlich gießen. Wenn sich Früchte bilden, sollten Sie die Pflanzen wöchentlich mit Tomatendünger versorgen.

Prunkbohne 'Enorma'
❄ ◌ ◗ ☀

Stangenbohne 'Mombacher Speck'
❄ ◌ ◗ ☀

Zwergprunkbohne 'Hestia'
❄ ◌ ◗ ☀

Buschbohne 'Borlotto Lingua di Fuoco'
❄ ◌ ◗ ☀

Kapuzinerkresse 'Peach Melba'
❄❄❄ ◌ ☀

Tagetes
❄ ◌ ☀

Grüne Erfrischung

Minze gibt es in vielen erfrischenden Geschmacksrichtungen, die zu den verschiedensten Gerichten passen. Außerdem gedeiht sie im Gegensatz zu vielen anderen Kräutern auch im Schatten gut. Stellen Sie die Kübel in die Nähe der Küche, um bequem ernten zu können. Minze ist mehrjährig und unkompliziert, neigt aber zum Wuchern und sollte darum nicht ins Beet gepflanzt werden. Auch das macht sie zum idealen Kandidaten für Kübel. Die sattgrünen Blätter passen gut zu den rötlichen Terrakottakübeln. Weißmarmorierte Ananasminze bildet einen Kontrast zu den dunklen Petunien und Hornveilchen.

Pfefferminze
❅❅❅ ◊ ☼ ◐

Petunie 'Phantom'
❅ ◊ ◊ ☼

Kurz gefasst

Größe Zwei Kübel mit mindestens 25 cm Durchmesser
Eignung Griffbereit zum Pflücken stellen
Grundlage Universalerde
Lage Terrasse oder Balkon im Halbschatten

Einkaufsliste

- 1 x Pfefferminze
- 1 x *Petunia* 'Phantom'
- 1 x Hornveilchen
- 1 x Marokkanische Minze
- 1 x Basilikumminze
- 1 x Ananasminze

Hornveilchen
❅❅❅ ◊ ◊ ☼ ◐

Marokkanische Minze
❅❅❅ ◊ ☼ ◐

Pflanzung und Pflege

Minze wird im Frühling gepflanzt, die frostempfindlichen Petunien dürfen erst später dazukommen. Die Kübel müssen Dränagelöcher haben. Hier wurde in einen alten Schornsteinkopf ein Plastiktopf eingesetzt. In jeden Kübel eine Schicht Erde füllen, dann die Pflanzen mit ihren Töpfen daraufstellen, um die Anordnung festzulegen. Die Pflanzen gießen, aus den Töpfen nehmen, einpflanzen und angießen. Über Sommer stets feucht halten und im Spätherbst die alten Triebe über dem Boden abschneiden. Im Frühling Universaldünger aufstreuen.

Basilikumminze
❅❅❅ ◊ ☼ ◐

Ananasminze
❅❅❅ ◊ ☼ ◐

Beerenernte

Beerensträucher sehen mit ihren Blüten, dem vielfältigen Laub und den Früchten das ganze Jahr über attraktiv aus. Von vielen Beerenarten werden kompakt wachsende Formen angeboten, die sich gut für den Kübel eignen. Diese Kombination aus roten Stachelbeeren, zwei verschiedenen Heidelbeersorten und stachellosen Brombeeren liefert reichlich Vitamine und ist ein Schmuck für Balkon oder Terrasse. Im Sommer leuchten die Blüten der ungewöhnlichen Torenie mit den Früchten um die Wette.

Kurz gefasst

Größe Große Kübel mit mindestens 30 cm Durchmesser
Eignung Platz, an dem sich gut ernten lässt
Grundlage Moorbeetsubstrat für Heidelbeeren, Universalerde für alle anderen
Lage Volle Sonne

Einkaufsliste

- 1 x Heidelbeere 'Patriot'
- 1 x Heidelbeere 'Bluecrop'
- 1 x Brombeere 'Loch Maree'
- 3 x Torenie *(Torenia fournieri)*
- 1 x Stachelbeere 'Hinnonmäki rot'

Pflanzung und Pflege

Vier große Kübel mit Dränagelöchern bereitstellen. Stachelbeere und Brombeere in separate Kübel so tief in Universalerde pflanzen, wie sie in ihren vorherigen Töpfen saßen. In die beiden anderen Kübel Moorbeetsubstrat füllen und die Heidelbeeren einpflanzen *(siehe S. 60–63)*. Wenn keine Gefahr von Nachtfrösten mehr besteht, die Torenien zu den Sträuchern pflanzen. Regelmäßig gießen. Brombeeren und Stachelbeeren im Frühling mit einem Universaldünger in Granulatform versorgen, für die Heidelbeeren einen Spezialdünger für Moorbeetpflanzen (Rhododendrondünger) verwenden. Die Beerensträucher sollten alle zwei Jahre umgetopft werden.

Heidelbeere 'Patriot'
❄❄❄ ◐ ☼

Heidelbeere 'Bluecrop'
❄❄❄ ◐ ☼

Brombeere 'Loch Maree'
❄❄❄ ◐ ☼ ☀

Torenie *(Torenia fournieri)*
❄ ◇◐ ☼ ☀

Stachelbeere 'Hinnonmäki rot'
❄❄❄ ◐ ☼ ☀

Die richtige Pflege

Kübelpflanzen können mit ihren Wurzeln weder Wasser noch Nährstoffe aus dem Boden ziehen, sie sind also von unserer Versorgung abhängig. In diesem Kapitel erfahren Sie, was Sie für gesunde Pflanzen und gute Erträge tun können. Neben bewährten Tipps zum Gießen, Düngen und zur Unkrautbekämpfung lesen Sie hier Wissenswertes über das Ernten und Einlagern. Außerdem erfahren Sie, wie man Jungpflanzen vor Frost schützt, Obstbäume umtopft, nährstoffreichen Kompost aus Gartenabfällen herstellt. Und schließlich lernen Sie die wichtigsten Krankheiten und Schädlinge sowie Möglichkeiten zur Vorbeugung und Bekämpfung kennen – mit anschaulichen Fotos, damit Sie Probleme schnell und sicher diagnostizieren können.

Düngen, jäten und gießen

Kübelpflanzen brauchen etwas mehr Zuwendung, weil sie sich nicht selbst aus dem Erdboden bedienen können.

Tägliches Gießen und regelmäßiges Düngen müssen sein. Unkraut dürfte aber eher kein Problem sein.

Düngen

Frische Erde enthält alle Nährstoffe, die Pflanzen brauchen. Doch dieser Vorrat ist bald verbraucht. Wurzelgemüse und schnell wachsende Salate kommen ohne Dünger aus. Erbsen und Bohnen können Stickstoff für die Blattbildung aus der Luft aufnehmen, brauchen aber Kalium, damit sie gut blühen und tragen. Auch Fruchtgemüse wie Tomaten, Zucchini und Kürbisse sollten einen kaliumreichen Dünger erhalten, sobald sich die ersten Früchte zeigen, um die Bildung weiterer Blüten und Früchte anzuregen.

Langlebige Pflanzen Blattgemüse wie Mangold und Kohl können alle paar Wochen einen stickstoffreichen Dünger bekommen. Nur sparsam anwenden und keinesfalls im Herbst, denn Stickstoff fördert die Bildung neuer Blätter, die anfällig für Schädlinge und Frostschäden sind. Auf die Erde von Obstgehölzen sollten Sie im Frühling ein Universal-Düngergranulat streuen, das alle wichtigen Nährstoffe in ausgewogenem Verhältnis enthält.

Flüssigdünger, als Konzentrat oder gebrauchsfertig verdünnt, wird einfach mit dem Gießwasser verabreicht.

Düngergranulate oder Pellets liefern mehrjährigen Kübelpflanzen im Frühling eine Extraportion Nährstoffe.

Jäten

Der große Vorteil des Kübels gegenüber dem Gartenbeet besteht darin, dass Unkraut selten vorkommt und leicht zu beseitigen ist. Im Gegensatz zu Gartenerde enthält Erde aus der Gärtnerei keine Unkrautsamen, also sollten in Ihren Töpfen nur die Gemüsesamen keimen. Natürlich weht der Wind Unkrautsamen herbei, oder sie können in selbst gemachtem Kompost enthalten sein. Zupfen Sie unerwünschte Sämlinge gleich aus, wenn Sie sie entdecken.

Mehrjähriges Unkraut Löwenzahn und andere Unkräuter mit langen Wurzeln können Sie mit einer Handgabel aus der Erde lösen – aber nur, solange sich die Wurzeln nicht mit denen der Nutzpflanzen verheddert haben. Halten Sie also die Augen offen. Entfernen Sie Unkraut immer, bevor es Blüten bildet, denn aus diesen entwickeln sich neue Unkrautsamen.

Löwenzahn wächst sofort nach, wenn nur ein kleines Wurzelstück in der Erde bleibt. Gründliches Jäten lohnt.

Gießen

Wasser verhindert nicht nur, dass die Pflanzen vertrocknen, sondern es ermöglicht ihnen auch, lösliche Nährstoffe aus der Erde aufzunehmen. Ältere Pflanzen müssen ausreichend mit Wasser versorgt werden, Sämlinge und Jungpflanzen hingegen dürfen Sie nicht »ertränken«. An heißen Tagen muss oft zweimal gegossen werden. Kontrollieren Sie Ihre Kübel häufig, auch nach Regenfällen, denn die Blätter können das Wasser von der Erde fernhalten. Einfacher wird die Gießarbeit mit hochwertigen Gießkannen, einem Schlauch oder einer automatischen Bewässerungsanlage.

Nach der Aussaat die Schalen in Untersetzer mit Wasser stellen oder vorsichtig mit einer feinen Brause von oben gießen, um die Erde zu durchfeuchten, ohne die Samen wegzuschwemmen. Saugfähige Matten als Einlage für Anzuchtkästen halten die Erde in den Aussaatschalen feucht (*oben*).

Ein feiner Regen aus der Gießkanne dringt langsam in die Erde ein, während ein kräftiger Wasserstrahl oft einfach von der Oberfläche abläuft, Erde wegschwemmt oder Wurzeln freilegt. Gießen Sie möglichst am Morgen und Abend, wenn es kühler ist und das Wasser nicht so schnell verdunstet.

Bäume in Kübeln brauchen viel Wasser, um gesund zu bleiben und Früchte zu bilden. Mit einem Schlauch oder einer Gießkanne Wasser bis an den Kübelrand einfüllen und langsam einsickern lassen. Eine dicke Mulchschicht verhindert, dass die Erde weggeschwemmt wird oder die Feuchtigkeit schnell wieder verdunstet.

Ein automatisches Bewässerungssystem lohnt sich, wenn Sie viele Kübel haben oder wegen Urlaub oder Beruf nicht immer von Hand gießen können. Das Wasser wird durch ein Schlauchsystem direkt zu den Pflanzen befördert, eine Zeitschaltuhr regelt Zeitpunkt und Dauer der Bewässerung. Lassen Sie sich bei der Auswahl beraten.

Kompost herstellen

Wählen Sie einen unauffälligen Platz aus, um Gartenabfälle und Gemüseabfälle aus der Küche in wertvollen Kompost zu verwandeln. Kompostsilos gibt es in vielen Größen und Varianten zu kaufen, und der selbst gemachte Kompost ist ein hervorragender, nährstoffreicher Bodenverbesserer.

Die Wahl der Behälter

Es gibt Kompostbehälter in vielen verschiedenen Ausführungen. Wählen Sie ein Modell, das Ihnen optisch zusagt. Der Komposter muss unten offen sein, sollte aber einen Deckel haben und zum Einfüllen, Umsetzen und Entnehmen des fertigen Komposts leicht zugänglich sein. Die Größe des Kompostbehälters sollte auf die Mengen abgestimmt sein, die bei Ihnen anfallen. Komposter aus Kunststoff sind preiswert und halten lange. Gekaufte oder selbst gebaute Holzkomposter sehen attraktiver aus, was ein wichtiges Argument ist, wenn man die Kompostecke nicht verstecken kann.

Was kann kompostiert werden?

Stellen Sie den Komposter an einem sonnigen oder halbschattigen Platz direkt auf den Erdboden, damit Mikroorganismen Zugang finden. Füllen Sie ihn zu etwa gleichen Teilen mit stickstoffreichem Grünmaterial (z.B. abgeerntete Gemüsepflanzen und Küchenabfälle) und trockenem, kohlenstoffhaltigem Material (z.B. trockenes Laub, dünne Zweige oder zerrissenes Papier). Gekochte Lebensmittel gehören nicht auf den Kompost, sie locken Ungeziefer an. Achten Sie auf eine gute Mischung von Materialien, damit Feuchtigkeit und Luft gut zirkulieren können. Wenn der Kompost trocken aussieht, begießen Sie ihn.

Den Kompost umsetzen

Im feuchtwarmen Inneren des Komposts verrottet das Material schneller als im kühleren Außenbereich. Damit es gleichmäßig verrottet, muss der Kompost umgesetzt werden. Wenn der Komposter voll ist, den Inhalt auf den Boden oder eine Plane ausleeren, gut durchmischen und wieder einfüllen. Wenn Sie Platz für zwei Komposter haben, füllen Sie das Material einfach vom einen in den anderen um. Nach dem Umsetzen keine Abfälle mehr zugeben. Einige Monate später ist die Rotte abgeschlossen und Sie können den dunklen, krümeligen Kompost, der jetzt wie Waldboden riechen sollte, entnehmen.

Andere Kompostierungsverfahren

Wurmkompost

Wurmkomposter sind praktisch, wenn wenig Abfälle anfallen. In diesen speziellen Kompostern mit Dränage und Belüftung, die man im Fachhandel kaufen kann, zersetzen zahlreiche Kompostwürmer die organischen Abfälle in einen feinen, nährstoffreichen Bodenverbesserer, der sich bestens für Nutzpflanzen eignet. Im Sommer kann der Komposter im Freien oder in einer Garage stehen, im Winter braucht er einen frostfreien Platz. Am besten beginnt man mit dieser Art der Kompostierung im Frühling oder Sommer, wenn sich die Würmer rasch vermehren. Gefüttert werden sie mit geeigneten Garten- und Küchenabfällen und zerrissenem Zeitungspapier.

Laubkompost

Herbstlaub ist ein wertvoller Rohstoff, denn es verrottet zu dunklem, krümeligem Laubkompost, der sich zur Bodenverbesserung für Kübel und Hochbeete gut eignet. Im Herbst einfach das heruntergefallene Laub zusammenrechen, in einen Plastiksack füllen und diesen mit einer Forke mehrmals einstechen. Den Sack in eine schattige Ecke stellen, in der er nicht stört. Nach etwa zwei Jahren ist der Laubkompost fertig. Füllen Sie ruhig mehrere Säcke, denn das Laub fällt bei der Rotte stark zusammen, ein Sack Laubkompost reicht für etwa zwei oder drei Kübel. Weil Blätter so langsam verrotten, sollte man sie lieber separat kompostieren, statt sie auf den Komposthaufen zu werfen.

Bokashi-Kompostierung

Bei diesem in Japan entwickelten Verfahren werden frische Garten- und Küchenabfälle in einem kleinen Behälter von Mikroorganismen zersetzt. Dabei entstehen keine Gerüche, und der dicht schließende Deckel hält Fliegen fern, sodass man den Behälter angeblich sogar im Haus aufstellen kann. Küchenabfälle, auch Fleisch, Fisch und Milchprodukte, einfüllen und darauf Weizenkleie streuen, die mit den Mikroorganismen geimpft ist. Nach etwa zwei Wochen ist der Fermentierungsvorgang abgeschlossen. Die Abfälle sehen danach kaum anders aus, können aber als Nährstoffzusatz unter die Komposterde gemischt werden. Die entstehende Flüssigkeit kann im Verhältnis 1:100 mit Wasser verdünnt und als Dünger verwendet werden.

Ernte und Lagerung

Voll ausgereiftes Obst und Gemüse schmeckt frisch am besten. Ist die Ernte aber allzu reichlich, verarbeiten Sie einen Teil, um auch zu anderen Jahreszeiten Leckeres aus eigenem Anbau genießen zu können.

Obst ernten

Zuerst sollten Sie die Fähigkeit entwickeln, genau zu erkennen, wann Zeit für die Obsternte ist. Vollreife Beerenfrüchte sind meist intensiv gefärbt und haben eine pralle, glänzende Schale. Wenn sie matt und runzlig aussehen, haben sie zu lange am Strauch gehangen. Das gilt auch für Kirschen, die Sie samt Stiel mit einer Schere abschneiden sollten. Äpfel, Pflaumen, Pfirsiche, Nektarinen und Aprikosen sind pflückreif, wenn sie sich leicht vom Baum lösen. Birnen und späte Apfelsorten reifen nach der Ernte nach. Sie werden mit einer kurzen, kräftigen Drehung des Stiels gepflückt. Im Zweifelsfall probieren Sie eine Frucht, bevor Sie den Baum abernten. Die Früchte vorsichtig behandeln: Sie faulen schneller, wenn sie Druckstellen haben.

Frühe und mittelfrühe Äpfel werden im Spätsommer und Herbst geerntet. Den Apfel vorsichtig anheben und drehen: Wenn er reif ist, löst er sich leicht vom Baum.

Gemüse ernten

Gemüse sollten Sie ernten, wenn es jung ist. Wenn Sie zu lange warten, wird es oft mehlig, hart oder holzig. Kontrollieren Sie Ihre Pflanzen im Sommer jeden Tag. Wenn man Erbsen, Bohnen oder Zucchini erntet, solange sie noch klein und zart sind, schmecken sie nicht nur besser, sondern die Pflanze wird auch zur Bildung neuer Blüten und Früchte angeregt. Kartoffeln sind meist erntereif, wenn sie blühen. Radieschen und Rote Bete können holzig werden, wenn man sie zu spät erntet. Fruchtgemüse hat das beste Aroma, wenn es an der Pflanze voll ausreifen darf. Zuckermais sollten Sie ernten, wenn sich die Fasern an der Kolbenspitze braun färben. Warten Sie nicht länger, sonst geht die Süße verloren.

Zucchini mit einem sauberen, scharfen Messer am Stiel abschneiden, solange sie jung, klein und knackig sind. Wenn die Früchte zu groß werden, schmecken sie fade und werden faserig.

Trocknen und einlagern

Einige Gemüsearten kann man in einem kühlen, frostfreien Lagerraum lange aufbewahren, wenn ihre Schale im
Spätsommer oder Herbst in der Sonne gründlich abtrocknen oder härten konnte. Diese Methode bietet sich für
Winterkürbisse, Zwiebeln, Schalotten und Knoblauch an,
die man nicht gleich nach der Ernte verbraucht. Knoblauch
wird ausgegraben, wenn sich das Laub gelb färbt. Zwiebeln und Schalotten vorsichtig ernten, wenn die Blätter
welken. 7–10 Tage auf Maschendraht in der Sonne (oder
bei Regen unter Dach) trocknen lassen und erst danach
einlagern. Winterkürbisse an der Pflanze ausreifen lassen,
dann mit dem Stiel abschneiden und zehn Tage in die
Sonne legen, damit sich die Schale festigt. Danach halten
sie sich mehrere Monate lang und können für viele leckere
Winterrezepte verwendet werden.

Farbenprächtige Winterkürbisse nach der Ernte in die
Sonne legen. Dadurch wird die Schale hart, sie verdunsten
weniger Wasser und halten sich erheblich länger.

Einfrieren und einmachen

Wenn die Ernte reichlich ausfällt, legen Sie Vorräte für
den Winter an. Es lohnt sich aber auch, kleinere Mengen
Obst und Gemüse zu konservieren, weil es einfach Freude
macht, mitten im Winter ein Glas mit würzigem Chutney
zu öffnen oder süße Beeren für ein Dessert aufzutauen.

Für fast alle Obst- und Gemüsearten gibt es einfache Kon-
servierungsmethoden, sodass nichts verderben muss. Gläser
sollten Sie vor dem Einmachen in heißem Wasser abwa-
schen und bei mittlerer Temperatur im Backofen trocknen,
um sie zu sterilisieren.

Für ein typisch englisches Relish,
also eine stückige, pikante Sauce,
werden Rote Bete mit Wasser, Zucker,
Essig und Gewürzen gekocht und in
sterilisierte Gläser gefüllt. Es gibt tolle
Rezepte, um Gemüse aller Art zu Reli-
shes und Chutneys zu verarbeiten.

Italienisches Pesto wird aus Basilikum, Pinienkernen, Knoblauch und Öl
hergestellt, Sie können statt Basilikum
aber auch andere würzige Kräuter
verwenden. In ein Glas füllen, mit
einer Schicht Olivenöl bedecken und
im Kühlschrank aufbewahren.

Viele Beeren und Äpfel lassen sich
hervorragend einfrieren. Äpfel sollten
Sie vorher andünsten und abkühlen
lassen. Beeren auf einem Tablett oder
Blech gefrieren lassen und dann in
Gefrierbeutel umfüllen. Sie können
aus Beeren auch Marmelade kochen.

Empfindliche Pflanzen schützen

Auch kälteempfindliche Obst- und Gemüsearten kann man in kühleren Regionen pflanzen, wenn man sie vor Frost schützt. Robuste Arten können mit einem sinnvollen Kälteschutz früher gesät und länger geerntet werden.

Frostschutz bei Bedarf

Wenn im Frühling oder Herbst Nachtfrost vorhergesagt wird, lassen sich Kübelpflanzen leicht schützen. Kleine Töpfe kann man ins Haus holen, größere sind schnell abgedeckt. Neben mediterranem Gemüse wie Tomaten, Paprika und Zucchini sind auch Bohnen frostempfindlich und müssen bei Bedarf geschützt werden. Decken Sie bei Frost vorsichtshalber die ersten Frühlingssaaten ab. Im Herbst können auch Salate einen Kälteschutz gebrauchen.

Glashauben, Tunnel und Vlies Traditionelle Hauben für Einzeltöpfe bestehen aus Glas, es gibt aber auch preiswerte Modelle aus Kunststoff. Für Hochbeete und große Pflanzkästen sind Folientunnel empfehlenswert. Gartenvlies eignet sich zum Schutz von Pflanzen aller Art. Es wird als Meterware angeboten, aber auch in Schlauch- und Beutelformen mit verschiedenen Abmessungen. Einfach über die Pflanze drapieren oder mit Stangen und Drähten fixieren. Auch Luftblasenfolie kann verwendet werden.

Kälteempfindliche Pflanzen in Vlies hüllen, wenn Frostgefahr besteht. Das Vlies mit Schnur gut festbinden, aber die Pflanze nicht einschnüren.

Mandarinen und alle anderen Zitrusarten müssen in einem kühlen, aber hellen Raum im Haus überwintert werden. Nicht austrocknen lassen.

Überwinterung im Haus

Viele frostempfindliche Obst- und Gemüsearten sind einjährig und werden jedes Frühjahr neu ausgesät. Zitrusfrüchte und Chilipaprika müssen im Haus überwintern. Denn erstens vertragen sie keine Kälte, zweitens reifen ihre Früchte im Winter. Die Pflanzen vor dem ersten Frost in einen hellen, kühlen Raum stellen, zum Beispiel auf eine Veranda.

Die richtigen Bedingungen Warme, trockene Heizungsluft bekommt diesen Pflanzen nicht. Sie müssen eher kühl stehen, aber vor kalter Zugluft geschützt. Auf der Fensterbank kann es in Winternächten für manche empfindlichen Pflanzen zu kalt werden. Die Töpfe auf Untersetzer mit Kieseln und Wasser stellen, um die Luftfeuchtigkeit zu erhöhen. Sparsam gießen und Chilipaprika im Winter nicht düngen, weil sie nur wenig wachsen. Zitrusbäumchen alle vierzehn Tage mit einem Winterdünger versorgen *(siehe S. 66–67)*.

Obstbäumchen umtopfen

Gesundes Wachstum fördern

Obstbäumchen müssen umgetopft werden, um ihren Wurzeln Platz zum Wachsen zu verschaffen und sie mit frischer, nährstoffreicher Erde zu versorgen. Jüngere Bäume brauchen jedes Jahr einen größeren Kübel. Wenn sie ausgewachsen sind, wird alle zwei bis drei Jahre umgetopft. Erledigen Sie diese Arbeit im Herbst oder zu einem anderen Termin während der Winterruhe, wenn die Witterungsverhältnisse es zulassen.

1 Den Baum vorsichtig aus dem Kübel nehmen. Größere Kübel umkippen und den Baum vorsichtig am Stamm herausziehen. Vielleicht brauchen Sie dabei einen Helfer.

2 Den Baum am Stamm schräg halten, um keine Zweige abzuknicken. Die äußeren Wurzeln vorsichtig auflockern und dabei die alte Erde entfernen.

3 Damit der Kübel nicht zu schnell zu klein wird, allzu lange und beschädigte Wurzeln behutsam durch einem sauberen Schnitt mit der Rosenschere stutzen.

4 Der neue Kübel sollte etwas größer sein als der vorherige und Dränagelöcher im Boden und eine Kiesschicht haben. Den Baum so tief wie vorher in frische Erde pflanzen. Andrücken, gut angießen und Mulch auflegen.

Schädlingsbekämpfung

Schädlingsfreies Gärtnern gibt es nicht, aber wenn Sie Barrieren errichten und günstige Bedingungen für die natürlichen Feinde der Schädlinge schaffen, halten sich Probleme meist in Grenzen. Gesunde Pflanzen, die genug Wasser und Nährstoffe bekommen, sind widerstandsfähiger gegen Angriffe.

Früherkennung Kontrollieren Sie Ihre Pflanzen häufig. Je kleiner die Zahl der Schädlinge, desto einfacher ist die Bekämpfung. Weil einige Schädlinge schlecht zu sehen sind, sollten Sie auch auf beschädigte oder eingerollte Blätter, klebrigen Honigtau oder andere Zeichen achten. Gegen Schnecken und Möhrenfliegen sollten Sie vorsorgen, denn wenn sie sich an Ihre Pflanzen herangemacht haben, sind diese natürlich oft nicht mehr zu retten.

Vorbeugung Setzen Sie zwischen Ihre Nutzpflanzen Blumen, die Schwebfliegen und andere natürliche Feinde von Schädlingen anlocken. Pestizide nur im Notfall und immer genau nach Herstelleranweisung anwenden, weil sie auch nützliche Insekten vernichten können. Vlies und Netze sind wirkungsvolle Barrieren. Im Gewächshaus können Sie Kleb-Tafeln oder Raubinsekten einsetzen. Kaufen Sie bevorzugt resistente Gemüsesorten, und verwenden Sie zum Pflanzen stets frische Erde, um dem Befall mit Schädlingen vorzubeugen, die im Boden leben oder Eier ablegen.

Klebrige Tafeln helfen gegen Schadinsekten im Gewächshaus

Kupferband vertreibt Schnecken. Durch eine chemische Reaktion des Kupfers mit ihrem Schleim bekommen sie schwache Stromschläge und kehren lieber um.

Ein Netz schützt Beeren vor Vögeln und Insekten. Mit Stangen hochhalten, damit es nicht auf den Pflanzen liegt, und am unteren Rand mit Steinen beschweren, damit es nicht wegweht.

Barrieren schützen Wurzelgemüse vor der niedrig fliegenden Möhrenfliege. Wenn Kübel und Vliesbarriere zusammen 60 cm hoch sind, besteht kaum Gefahr eines Befalls.

Natürliche Feinde

Wer die natürlichen Feinde von Schädlingen einlädt, tut viel für den Schutz seiner Nutzpflanzen. Wichtig ist aber, den Nützlingen ganzjährig gute Bedingungen zu bieten. Ungestörte Nischen zwischen Kübeln werden als schattige Verstecke gern angenommen. Verschiedene Blumen zwischen den Nutzpflanzen sehen schön aus und locken nützliche Insekten wie Flor- und Schwebfliegen an. An einem kleinen Wasserbecken finden sich schnell Vögel, Frösche und Igel ein, die viele Schädlinge vertilgen. Kletterpflanzen an Mauern und Zäunen geben Vögeln Unterschlupf und Platz zum Nisten. Nützliche Insekten überwintern in immergrünen Sträuchern, und ein Haufen Herbstlaub wird von anderen kleinen Nützlingen gern als Winterquartier angenommen.

Marienkäferlarven sind nicht so hübsch wie die erwachsenen Tiere, aber haben einen unstillbaren Hunger auf Blattläuse sowie andere Schadinsekten und deren Eier.

Marienkäfer fressen für ihr Leben gern Blattläuse. Bieten Sie ihnen im Garten eine gute Auswahl trockener Plätze an, wo sie sich versammeln und überwintern können.

Singdrosseln knacken Schneckenhäuser, indem sie sie auf einen Stein schlagen. Räumen Sie nicht alle Steine weg. Wildbeerensträucher liefern den Vögeln im Winter Nahrung.

Florfliegen und ihre Larven sind gute Verbündete im Kampf gegen Blattläuse. Nektarreiche Blumen, die zu verschiedenen Zeiten blühen, laden diese Nützlinge in den Garten ein.

Frösche und Kröten brauchen schattig feuchte Ecken und Wasser zum Laichen. Als Dank dafür gehen sie abends, wenn es kühler wird, auf die Jagd nach Schnecken.

Schwebfliegenlarven können Hunderte von Blattläusen vertilgen, bevor sie sich verpuppen. Locken Sie die erwachsenen Tiere mit Blühpflanzen an, damit sie im Garten Eier ablegen.

Verbreitete Schädlinge

Weiße Fliege

Diese saugenden Insekten mit weißen Flügeln treten häufiger im Gewächshaus auf. Sie scheiden klebrigen Honigtau aus, und die erwachsenen Tiere fliegen scharenweise auf, wenn sie gestört werden. Vom mittleren Frühjahr bis zur Herbstmitte biologische Bekämpfung mit der Raubwespe *Encarsia formosa*.

Rote Spinnmilbe

Matte, fleckige Blätter an Obstbäumchen im Gewächshaus sind ein Warnzeichen. Auf den Blattunterseiten findet man die winzigen grünen Milben, die im Herbst rötlich werden, und ihr Gespinst. Für hohe Luftfeuchtigkeit sorgen, Raubmilben (*Phytoseiulus persimilis)* einsetzen oder mit insektizider Seife spritzen.

Schnecken

Silbrige Schleimspuren sind ein Hinweis. Sie können Schnecken nachts beim Licht einer Taschenlampe absammeln, ihre Überwinterungsplätze aufspüren, Kupferband um Kübel kleben oder notfalls Schneckenkorn auslegen. Alternativ im Frühling oder Herbst Nematoden (*Phasmarhabditis hermaphrodita*) anwenden.

Möhrenfliege

Weibliche Möhrenfliegen fliegen in Bodennähe und legen zwischen dem späten Frühjahr und Frühherbst Eier in der Erde ab. Die kleinen, cremeweißen Larven fressen Gänge in die Wurzeln, sodass diese ungenießbar werden. Resistente Sorten säen, Vliesbarrieren errichten oder die Kübel hochstellen.

Blattwanzen

Die kleinen hellgrünen Insekten saugen den Saft aus Blättern und Triebspitzen, sodass diese verkrüppeln. Auch Früchte können befallen werden. Bei Äpfeln treten dann kleine Beulen auf der Schale auf, jedoch keine weiteren Schäden, sodass auf die Bekämpfung verzichtet werden kann.

Blattläuse

Blattläuse sitzen an jungen Triebspitzen und saugen Saft. Gesunde Pflanzen verkraften einen geringeren Befall oft. Die Läuse können aber Krüppelwuchs der Blätter verursachen und Viruskrankheiten übertragen. Manuell entfernen, Nützlinge einladen *(siehe S.103)* oder insektizide Seife einsetzen.

Vögel

Vögel sind oft nützlich, können aber auch Ihre Ernte beeinträchtigen: Blätter beschädigen, Früchte anfressen und Sämlinge und Jungpflanzen aus dem Boden ziehen. Decken Sie gefährdete Pflanzen mit Netzen ab. Die Ränder sicher befestigen, damit sich keine Vögel darin verfangen können.

Mäuse

Man sieht sie selten, aber sie können beträchtlichen Schaden anrichten. Frisch gesäte Erbsen, Bohnen und Maiskörner graben sie mit Vorliebe aus, und sie fressen auch reife Maiskolben und eingelagertes Gemüse. Käfig-Mausefallen aufstellen – aber die gefangenen Tiere weit genug von den Kübeln wieder aussetzen.

Erdflöhe

Diese 2–4 mm kleinen Käfer fressen runde Löcher in die Blätter von Kohlgewächsen, Rauke und Radieschen. Sie sind leicht zu erkennen, denn sie springen in die Luft, wenn sie gestört werden. Schwerer Befall kann Sämlinge abtöten. Die Pflanzen mit Vlies schützen oder bei Bedarf mit insektizider Seife spritzen.

Stachelbeer-Sägewespe

Die kleinen grünen, meist schwarz gefleckten Raupen fressen vom mittleren Frühjahr bis zum Sommer das Laub von Stachelbeeren und Roten und Weißen Johannisbeeren. Sträucher regelmäßig kontrollieren. Raupen absammeln, mit insektizider Seife spritzen oder Nematoden zur biologischen Bekämpfung einsetzen.

Erbsenwickler

Erwachsene Falter legen im Sommer, wenn die Erbsen blühen, Eier ab. Die weißen Larven mit schwarzem Kopf fressen die Erbsen im Inneren und hinterlassen in den Hülsen ihre Exkremente. Von außen sehen die Hülsen unversehrt aus. Die Pflanzen mit feinen Netzen abdecken. Alternativ frühe oder späte Sorten säen, die außerhalb der Eiablagezeit blühen.

Zwiebelfliege

Die kleinen weißen Larven fressen im Sommer die Zwiebeln, Wurzeln und Stängel von Zwiebeln, Schalotten, Knoblauch und Lauch. Die Blätter welken, die Pflanzen wachsen schlecht und können absterben. Befallene Pflanzen vernichten. Zwiebeln nicht aus Samen, sondern aus Steckzwiebeln heranziehen, weil sie resistenter sind.

Krankheiten und Mangelerscheinungen

Wenn Sie Ihre Nutzpflanzen durch regelmäßiges Gießen und zuverlässige Versorgung mit den richtigen Nährstoffen und Licht gesund halten, sind sie weniger anfällig für Krankheiten und Mangelerscheinungen.

Bakterien, Pilze und Viren Alle drei Erregertypen können Pflanzen befallen und sich auch auf Unkraut und abgestorbenen Pflanzenteilen ausbreiten. Sauberkeit beim Gärtnern beugt vielen Problemen vor. Kaufen Sie nur gesunde Pflanzen, Zwiebeln und Knollen, und nehmen Sie nie Stecklinge oder Samen von erkrankten Pflanzen. Pilze vermehren sich bei stehender, feuchter Luft, darum ist gute Belüftung im Gewächshaus und Frühbeet so wichtig. Zwischen Pflanzen im Freien genügend Platz lassen, und Obstgehölze auslichten. Schädlinge bekämpfen, denn auch sie können Krankheitserreger übertragen.

Mangelerscheinungen Sie sehen Krankheiten ähnlich, haben aber andere Ursachen. Die Blütenendfäule von Tomaten wird beispielsweise durch Kalziummangel verursacht. Dünger und regelmäßiges Gießen zur Verbesserung der Nährstoffaufnahme schaffen Abhilfe.

Schalen und Töpfe vor der Aussaat desinfizieren.

Werkzeug nach der Benutzung immer gründlich säubern.

Kübelpflanzen oft gießen und die Erde nie völlig austrocknen lassen, weil geschwächte Pflanzen anfälliger sind. Um Pilzbefall zu vermeiden, immer auf die Erde gießen und nicht die Blätter benetzen.

Kranke Pflanzenteile sofort entfernen, um die Ausbreitung oder das Eindringen von Krankheitserregern zu verhindern. Blätter am Boden abschneiden, Zweige bis zu einer gesunden Knospe zurückschneiden.

Umfallkrankheit

Sie tritt bei Sämlingen im Haus und Gewächshaus auf. Die Pflänzchen sehen aus, als würden sie welken. Ursache ist ein Pilz, der bei hoher Luftfeuchtigkeit gedeiht. Töpfe und Schalen desinfizieren, nur mit Leitungswasser gießen. Dünn säen. Die Sämlinge brauchen viel Licht, Luft und die passenden Temperaturen.

Stippigkeit

Kleine runde, manchmal eingesunkene Flecken auf der Schale und im Fleisch von Äpfeln, die schwach bitter schmecken, können sich am Baum oder später im Lager bilden. Sie werden durch Kalziummangel verursacht. Wenn der Boden zu trocken ist, können Bäume nicht genug Kalzium aufnehmen. Regelmäßig wässern.

Schorf

Dunkelbraune, schorfige Stellen auf der Schale von Äpfeln oder Birnen. Wenn sie aufplatzen, können Fäulniserreger eindringen. Auch Blätter und Triebe können befallen werden. Herbstlaub gründlich entfernen, denn darin überwintern die Erreger. Resistente Sorten bevorzugen, notfalls ein geeignetes Fungizid einsetzen.

Sonnenbrand

Helle Flecken oder Ränder an Blättern und Blüten, die papierartig trocken werden, müssen nicht von Schädlingen herrühren. Es könnte Sonnenbrand sein. Er entsteht, wenn Wassertropfen auf Blättern wie Brenngläser wirken. Zur Vermeidung erst gegen Abend gießen und im Gewächshaus auf ausreichende Beschattung achten.

Blütenendfäule

Tomaten im Kübel sind besonders anfällig, weil durch Trockenheit im Wurzelbereich die Kalziumaufnahme behindert wird. Haut und Unterseite von Tomaten und Paprika werden ledrig, dunkelbraun und ungenießbar. Befallene Früchte entfernen, möglichst große Kübel wählen und regelmäßig gießen.

Falscher Mehltau an Salat

Gelbliche Flecken auf den Blattoberseiten, die erst braun werden, dann papierartig-weiß oder einen weißlich-flaumigen Belag zeigen, sind typisch. Befallene Blätter oder Pflanzen sofort entfernen. Der Pilz breitet sich bei hoher Luftfeuchtigkeit aus. Weiträumig säen und das Gewächshaus oft lüften. Es werden auch resistente Sorten angeboten.

Krankheiten und Mangelerscheinungen *Fortsetzung*

Gurken-Mosaikvirus

Tritt bei Zucchini, Gurken und Kürbissen auf. Die Blätter verformen sich und zeigen gelbe Flecken oder mosaikartige Muster, die Früchte sind hart, dunkelgrün und ungenießbar. Unkraut ist oft Träger des Virus, durch Blattläuse kann es übertragen werden. Befallene Pflanzen vernichten und resistente Sorten bevorzugen.

Echter Mehltau

Die verbreitete Pilzkrankheit ist am weißlich flaumigen Belag auf den Blättern zu erkennen. Die Blätter werden gelb und fallen ab, das Wachstum der Pflanze ist gestört, oder sie stirbt ganz ab. Tritt häufig bei Trockenheit auf. Regelmäßig gießen, befallene Blätter vernichten und bei starkem Befall ein Fungizid verwenden.

Krautfäule

Der Pilz befällt Tomaten und Kartoffeln. Blätter werden braun und fallen ab, Knollen und Früchte werden braun, verschrumpeln und faulen. Befallene Pflanzenteile sofort entfernen und vernichten. Bei Bedarf ein geeignetes Fungizid anwenden. Kartoffeln nicht zu lange im Boden lassen oder resistente Sorten wählen.

Rostpilz

Bohnen, Lauch, Pflaumen und viele andere Nutzpflanzen können von Rostpilzen befallen werden, die sich durch rostrote Flecken auf Blättern und Stängeln äußern. Für gute Belüftung sorgen, befallene Pflanzenteile vernichten, resistente Sorten bevorzugen und bei Bedarf ein geeignetes Fungizid einsetzen.

Krankheiten bei Erdbeeren

Verformte Blätter mit gelblicher Zeichnung, Wuchsschwäche der Pflanzen, schwache Blüte und geringe Fruchtbildung deuten auf Virusbefall hin. Betroffene Pflanzen ausgraben und vernichten. Blattläuse bekämpfen, die das Virus übertragen können. Die Erde nicht noch einmal für Erdbeeren verwenden.

Stachelbeermehltau

Pulverig weiße Flecken auf den Blättern von Stachelbeeren und Schwarzen Johannisbeeren. Junge Triebe können verkrüppeln. Nach dem Abreiben des Belags sind die Früchte essbar, sehen aber nicht appetitlich aus. Das Zentrum des Strauchs auslichten, damit die Luft zirkulieren kann. Resistente Sorten pflanzen.

Kräuselkrankheit

Die Blätter von Pfirsichen und Nektarinen kräuseln sich, bilden Blasen und Verfärbungen. Der Pilz tritt von Winter bis Spätfrühling auf und wird durch Regen übertragen. Pflanzen mit Plane abdecken oder ins Gewächshaus stellen. Meist erholen sich die Bäume später. Bei starkem Befall kann ein Fungizid verwendet werden.

Schokoladenfleckenkrankheit

Dunkelbraune Flecken entstehen auf Blättern, Stängeln und Früchten von Bohnen. Sie mindern den Ertrag oder lassen die Pflanze ganz absterben. Der Pilz tritt vor allem in feuchter, schlecht belüfteter Umgebung auf. Auf gute Luftzirkulation achten und Unkraut, in dem sich Sporen verbergen können, beseitigen.

Grauschimmel

Die Sporen dieses Pilzes dringen meist durch Verletzungen im Pflanzengewebe ein und bilden einen flaumigen, schmutzig weißen oder grauen Belag, der in Fäulnis übergehen kann. Befallene Pflanzenteile sofort entfernen und vernichten, weil die Sporen auch in der Erde überleben. Im Gewächshaus für gute Luftzirkulation sorgen.

Blattfleckenkrankheit

Die bakterielle Krankheit tritt oft bei Bohnen auf. Die Übertragung erfolgt durch Spritzwasser (Regen und Gießwasser). Blätter zeigen dunkle Flecken mit gelbem Rand und sterben später ab. Der Ertrag wird gemindert. Befallene Blätter entfernen und beim Gießen nur die Erde benetzen, jedoch nicht die Blätter.

Kaliummangel

Durch übermäßiges Gießen kann Kalium aus dem Boden geschwemmt werden. Blätter rollen sich ein, vertrocknen oder verfärben sich violett. Blüte und Fruchtbildung fallen schwach aus, Tomaten reifen oft ungleichmäßig. Mit einem kaliumbetonten Dünger (z. B. Tomatendünger) versorgen.

Stickstoffmangel

Blätter werden gelb oder hellgrün, manchmal auch rötlich oder violett. Vor allem ältere Blätter an der Pflanzenbasis sind betroffen. Die Pflanzen wachsen schmächtiger oder sogar verkrüppelt heran. Mit stickstoffbetontem Dünger versorgen oder die oberste Substratschicht in Kübeln regelmäßig erneuern.

Die Pflanzen im Porträt

Der Fachhandel bietet eine enorme Auswahl an Saatgut und Jungpflanzen für Obst- und Gemüsesorten in unterschiedlichen Farben, Wuchsformen, Größen und Geschmacksrichtungen. Auch in ihrer Widerstandskraft unterscheiden sie sich. Die Kurzbeschreibungen mit einem Foto zu jeder Sorte werden Ihnen bei der Auswahl der Pflanzen für Ihre Kübel und Kästen helfen.

Erklärung der Symbole

Ansprüche an den Boden

◌	Gut durchlässiger Boden
◔	Feuchter Boden
◌ ◔	Gut durchlässiger oder feuchter Boden

Bevorzugte Lichtverhältnisse

☼	Volle Sonne
☀	Halbschatten oder diffuses Sonnenlicht
☼ ☀	Volle Sonne oder Halbschatten

Frosthärte

✳✳✳	Völlig winterhart
✳✳	Übersteht in milden Gegenden oder an geschützten Standorten den Winter im Freien
✳	Verträgt wenig bis keinen Frost

Obstbäume: Äpfel und Birnen

Apfel 'Boskop'

Die altbekannte Sorte wird wegen ihres kräftig säuerlichen Geschmacks geschätzt. Die fein angeraute Schale ist mattglänzend grün mit braunen Streifen. Der Apfel braucht einen feuchten und nährstoffreichen Boden.

Pflanzung: November bis März
Ernte: Oktober

❄❄❄ ◐ ☀

'Seestermüher Zitronenapfel'

Die anspruchslose Sorte trägt sehr große, gelbe Früchte mit süßsäuerlichem Geschmack, die im Lager noch süßer werden. Etwa 2 Monate lagerfähig. Reichliche Erträge, wird daher gern zum Saften verwendet.

Pflanzung: November bis März
Ernte: Oktober

❄❄❄ ◐ ☀

Apfel 'Royal Gala'

Ein bekannter Tafelapfel aus Neuseeland mit rot gestreifter Schale und hellgelbem Fleisch. Schmeckt frisch am besten. Die Sorte ist bedingt selbstbestäubend und bringt Jahr für Jahr zuverlässig Erträge.

Pflanzung: November bis März
Ernte: Oktober

❄❄❄ ◐ ☀

Apfel 'Rheinischer Bohnapfel'

Die Sorte ist mehr als 200 Jahre alt und bekannt für ihr festes Fruchtfleisch und ihren säuerlichen Geschmack, der sich durch Lagerung abmildert. Gleichmäßige Früchte von grüner bis grünlich gelber Färbung.

Pflanzung: November bis März
Ernte: September bis Oktober

❄❄❄ ◐ ☀

Apfel 'Roter Gravensteiner'

Seine großen Früchte sind ungleichmäßig gebaut und haben eine glatte, rötlich gelbe Schale. Das Fruchtfleisch ist gelblich weiß, sehr saftig und schmeckt mehr süß als säuerlich. Oft unregelmäßiger Ertrag.

Pflanzung: November bis März
Ernte: Oktober

❄❄❄ ◐ ☀

Apfel 'Red Falstaff'

Die ertragreiche, bedingt selbstbestäubende Sorte gedeiht gut in Kübeln. Knackiges Fruchtfleisch mit erfrischendem Geschmack und ausgewogenem Zucker-Säure-Verhältnis. Gut zum Entsaften.

Pflanzung: November bis März
Ernte: Oktober

❄❄❄ ◐ ☀

Birne 'Williams Christ'

Wegen der reichen Erträge hellgrüner Früchte mit saftigem weißem Fleisch eine der beliebtesten Birnensorten. Hervorragender Geschmack und feste Konsistenz. Zum Rohverzehr und zum Kochen gleichermaßen gut geeignet.

Pflanzung: November bis März
Ernte: September

❄❄❄ ◊ ☼

Birne 'Doyenne de Comice'

Die Sorte zählt zu den besten Tafelbirnen. Die süßen, grün-bräunlichen Birnen sollten nach der Ernte etwa einen Monat gelagert werden. Trägt an einem warmen, sonnigen Standort am besten.

Pflanzung: November bis März
Ernte: Oktober

❄❄❄ ◊ ☼

Birne 'Gellerts Butterbirne'

Bringt an einem warmen, geschützten Platz die besten Erträge. Die relativ großen Früchte sollten frisch verbraucht werden. Sie haben eine hellgrün-gelbe Schale und hellgelbes, saftiges, duftendes Fruchtfleisch.

Pflanzung: November bis März
Ernte: Oktober

❄❄❄ ◊ ☼

Birne 'Beurré Superfin'

Eine Sorte für Kenner. Die runden Früchte haben zartes, gelbes, süßes Fleisch mit feinem Duft, die roh und gekocht gleichermaßen gut schmecken. Braucht einen geschützten Sonnenplatz, um gut zu tragen.

Pflanzung: November bis März
Ernte: September

❄❄❄ ◊ ☼

Birne 'Clapps Liebling'

Die ertragreiche Sorte eignet sich sowohl zum frisch Essen als auch zum Kochen. Die länglichen, gelb-rötlichen Früchte haben knackiges gelbes Fleisch und sollten recht bald nach der Ernte verbraucht werden.

Pflanzung: November bis März
Ernte: August

❄❄❄ ◊ ☼

Birne 'Concorde'

Diese beliebte Sorte mit kompaktem Wuchs kann am Spalier oder als Kordon gezogen werden. Die großen, saftigen Früchte schmecken frisch ausgezeichnet und können einige Monate gelagert werden.

Pflanzung: November bis März
Ernte: Oktober

❄❄❄ ◊ ☼

Obstbäume

Kirsche 'Stella'
Die beliebte Süßkirschensorte trägt zahlreiche große schmackhafte Früchte in dunklem Rot. Sie ist ein Selbstbestäuber, bringt also auch ohne einen zweiten Baum als Bestäubungspartner gute Erträge.

Pflanzung: November bis März
Ernte: Juli

❄❄❄ ◐ ☼

Kirsche 'Schattenmorelle'
Schattenmorellen sind eine bekannte und ertragreiche Sauerkirschensorte. Die roten Früchte eignen sich gut zum Kochen und Einmachen. Als Selbstbestäuber ideal für kleine Gärten, in denen nur ein Baum Platz hat.

Pflanzung: November bis März
Ernte: Juli

❄❄❄ ◐ ☼

Aprikose 'Temporao de Villa Franca'
Diese Aprikose empfiehlt sich für Kenner, sie blüht eher spät und hat ein festes Fruchtfleisch. Die großen gelben, leicht rötlichen Früchte haben einen ausgeprägt süßen Geschmack.

Pflanzung: November bis März
Ernte: August

❄❄❄ ◐ ☼

Pflaume 'Opal'
Eine ausgezeichnete frühe Dessertpflaume mit gelben Früchten, die sich in Vollreife violett tönen. Süßer Geschmack mit einer Andeutung von Säure, ähnlich wie die Sorte 'Victoria'. Die Sorte ist selbstbestäubend.

Pflanzung: November bis März
Ernte: August

❄❄❄ ◐ ☼

Pflaume 'Victoria'
Beliebte Sorte mit pinkfarbenen, festen, süßen Früchten, die sich zum Kochen und zum Frischverzehr gut eignen. Als Selbstbestäuber bringt sie auch bei Alleinstellung ohne einen Bestäubungspartner gute Erträge.

Pflanzung: November bis März
Ernte: August

❄❄❄ ◐ ☼

Pfirsich 'Peregrine'
Pfirsiche gedeihen auch in kühleren Regionen, nur die Blüten sind frostempfindlich. Ins Gewächshaus stellen oder mit Vlies abdecken. Die Sorte ist resistent gegen die Kräuselkrankheit.

Pflanzung: November bis März
Ernte: August bis September

❄❄❄ ◐ ☼

Nektarine 'Fantasia'

Der wüchsige, verlässliche Selbstbestäuber trägt auch in kühleren Lagen gut, wenn er einen warmen, sonnigen Platz bekommt. Mittelgroße, saftige, süße Früchte mit dunkelroter Schale und gelbem Fleisch.

Pflanzung: November bis März
Ernte: August

❄❄❄ 💧 ☼

Feige 'Brunswick'

Mit den großen, gelappten Blättern und den violetten Früchten macht der Baum vor einer Südwand eine gute Figur. Die Sorte ist für kühleres Klima gezüchtet und trägt mittelgroße Früchte mit rosa Fleisch.

Pflanzung: November bis März
Ernte: August

❄❄❄ 💧 ☼

Calamondin-Orange

Der kleinwüchsige Baum, der auch als Zierpflanze beliebt ist, trägt runde, orangefarbene Früchte. Voll ausgereift, schmecken sie süß-säuerlich und leicht bitter. Sie eignen sich besser für Marmelade als zum Rohverzehr.

Pflanzung: März bis April
Ernte: ganzjährig

❄ 💧 ☼

Kumquat

Die Kumquat ist eng mit den Zitrusfrüchten verwandt, gehört aber nicht zur Gattung *Citrus*. Sie ist etwas robuster und verträgt Temperaturen bis −5 °C. Die feinherben Früchte isst man im Ganzen.

Pflanzung: März bis April
Ernte: ganzjährig

❄❄ 💧 ☼

Zitrone 'Meyer'

Die attraktive, immergrüne Zitronensorte ist ideal für Einsteiger. Der Baum wächst rasch und trägt ganzjährig duftende, weiße Blüten. Die Früchte haben eine dünne Schale und eignen sich ausgezeichnet zum Kochen.

Pflanzung: März bis April
Ernte: ganzjährig

❄ 💧 ☼

Orange 'Valencia'

Allein wegen des herrlichen Dufts der Blüten hat diese Sorte einen Platz im Wintergarten oder auf der Terrasse verdient. Bei genügend Wärme und Licht trägt der Baum saftige, süße Früchte von stattlicher Größe.

Pflanzung: März bis April
Ernte: Winter

❄ 💧 ☼

Beerenfrüchte

Erdbeere 'Christine'

Die frühe, kompakte Sorte mit den großen, saftigen Früchten eignet sich sehr gut für den Anbau in Kübeln. Sie ist resistent gegen die meistverbreiteten Pflanzenkrankheiten – Verticillium-Welke und Echten Mehltau.

Pflanzung: Sommer (Vorjahr)
Ernte: Juni

❄❄❄ ◐ ☼

Erdbeere 'Lucy'

Die neue mittelfrühe Sorte bringt zuverlässig stattliche Ernten dunkelrot glänzender, saftiger Früchte. Sie verträgt auch feuchtes Sommerwetter, bei dem andere Sorten faulen oder nicht ausreifen. Für Beet und Kübel.

Pflanzung: Sommer (Vorjahr)
Ernte: Juni bis Juli

❄❄❄ ◐ ☼

Erdbeere 'Elegance'

Die mittelfrühe Sorte trägt auch bei Pflanzung in Kübeln den ganzen Sommer lang viele große, gesunde, süße Früchte. Sie ist weitgehend resistent gegen die Verticillium-Welke und den Echten Mehltau.

Pflanzung: Sommer (Vorjahr)
Ernte: Juni bis Juli

❄❄❄ ◐ ☼

Erdbeere Malling Pearl

Pflanzt man diese Sorte im Frühling, bildet sie vom Sommer bis zum Herbst fortlaufend Früchte. Auffallend sind die konischen, roten Beeren mit festem, saftigem Fleisch und süßem Geschmack.

Pflanzung: Frühling
Ernte: Juli bis Herbst

❄❄❄ ◐ ☼

Walderdbeere

Diese robusten, kleinen Pflanzen bilden Jahr für Jahr den ganzen Sommer lang zierliche Früchte, deren Aroma feiner ist als das großer Erdbeersorten. Im Frühling aussäen oder im Sommer Ausläufer einpflanzen.

Aussaat: Frühling **Pflanzung:** Juli
Ernte: Sommer

❄❄❄ ◐ ☼ ☼ ☀

Brombeere 'Ouachita'

Eine relativ neue, stachellose Sorte mit aufrechten Ruten, die sich gut anbinden lassen. Trägt jeden Sommer zahlreiche große, dunkle, süße Beeren. Die Sorte zeichnet sich durch gute Krankheitsresistenz aus.

Pflanzung: November bis März
Ernte: Juli

❄❄❄ ◐ ☼ ☼

Brombeere 'Black Satin'

Eine der ältesten stachellosen Sorten. Sehr ertragreich. Aus hübschen rosa Blüten entwickeln sich glänzende, schwarz-violette Früchte. An einem sonnigen Platz bekommen sie das beste Aroma.

Pflanzung: November bis März
Ernte: Juli bis August

❄❄❄ ◗ ☼ ◑

Brombeere 'Navaho'

Diese spät tragende Sorte wurde in den USA gezüchtet. Sie trägt Gruppen von riesigen, zuckersüßen Beeren, die sich leicht pflücken lassen, weil die Triebe nicht bestachelt sind. Gedeiht auch in Kübeln gut.

Pflanzung: November bis März
Ernte: August bis September

❄❄❄ ◗ ☼ ◑

Brombeere 'Loch Ness'

Diese kompakt wachsende, stachellose Sorte eignet sich auch für Kübel in kleinen Gärten. Die Beeren sind außergewöhnlich groß, in voller Reife sehr dunkel, und haben einen süßen Geschmack.

Pflanzung: November bis März
Ernte: August bis September

❄❄❄ ◗ ☼ ◑

Brombeere 'Waldo'

Eine hervorragende, stachellose Sorte, die sich wegen ihres kompakten Wuchses gut für Kübel und kleine Gärten eignet. Trägt früh in der Saison zahlreiche längliche Beeren mit kräftigem, süßem Geschmack.

Pflanzung: November bis März
Ernte: Juli

❄❄❄ ◗ ☼ ◑

Stachelbeere 'Hinnonmäki rot'

Diese Sorte eignet sich gut zum Kochen, aber die ungewöhnlichen, roten Früchte mit dem aromatischen Geschmack sind auch für den frischen Verzehr süß genug. Gute Resistenz gegen den Stachelbeermehltau.

Pflanzung: November bis März
Ernte: Juni bis Juli

❄❄❄ ◗ ☼ ◑

Stachelbeere 'Invicta'

Wegen der Resistenz gegen Stachelbeermehltau und der großen Erträge ist diese Sorte sehr beliebt. Die Früchte eignen sich am besten für Marmelade und Desserts. Für den Rohverzehr sind sie oft zu herb.

Pflanzung: November bis März
Ernte: Juni

❄❄❄ ◗ ☼ ◑

Beerenfrüchte *Fortsetzung*

Heidelbeere 'Bluetta'

Wegen der späten Blüte empfiehlt sich diese Sorte für Regionen mit kühlerem Klima. Die Früchte reifen dennoch früh und sind angenehm süß. Die Sträucher wachsen kompakt und haben eine schöne Herbstfärbung.

Pflanzung: November bis März
Ernte: Augusti

❄❄❄ ◗ ☼

Heidelbeere 'Jersey'

Diese beliebte, spät und reich tragende Sorte ist recht unkompliziert und gedeiht auf verschiedenen Böden. Die Beeren sind recht klein, haben einen süßen Geschmack und eignen sich gut zum Kochen.

Pflanzung: November bis März
Ernte: August bis September

❄❄❄ ◗ ☼

Heidelbeere 'Berkeley'

Eine gute Wahl für einen geschützten Standort, in kühlen Regionen trägt diese Sorte jedoch nicht gut. Die saftigen Beeren reifen recht spät und die leuchtend gelben Zweige des Strauchs sehen auch im Winter attraktiv aus.

Pflanzung: November bis März
Ernte: August

❄❄❄ ◗ ☼

Heidelbeere 'Coville'

Diese aufrecht wachsende, mittelfrühe Sorte bildet im Sommer über mehrere Wochen Gruppen großer blauvioletter Beeren, die sich im Kühlschrank außergewöhnlich lange halten.

Pflanzung: November bis März
Ernte: Juli bis August

❄❄❄ ◗ ☼

Heidelbeere 'Spartan'

Die frühe bis mittelfrühe Sorte trägt sehr große, hellblaue Früchte mit herb-süßem Geschmack. Die Ernte ist wegen des aufrechten Wuchses einfach. Große Blätter mit gelb-roter Herbstfärbung.

Pflanzung: November bis März
Ernte: Juli

❄❄❄ ◗ ☼

Heidelbeere 'Herbert'

Die überaus ertragreiche Sorte trägt sehr große mittelblaue Beeren mit ausgezeichnetem Geschmack. Wegen des aufrechten Wuchses eignen sich die Sträucher auch für kleine Gärten und Terrassen gut.

Pflanzung: November bis März
Ernte: August

❄❄❄ ◗ ☼ ◑

Weiße Johannisbeere 'Blanka'

Die verlässliche und ertragreiche Sorte trägt lange Rispen aus gelblich-weißen Beeren, die im Juli reifen. Man kann die Früchte gut einmachen, sie sind aber auch süß genug, um sie frisch zu genießen

Pflanzung: November bis März
Ernte: Juli

❄❄❄ ◔ ☼

Rote Johannisbeere 'Red Lake'

Eine beliebte, ertragreiche Sorte mit rubinroten, saftigen Früchten. Sie stehen in langen Rispen, die sich zügig und bequem pflücken lassen. Die Beeren eignen sich gut zum Einfrieren und Einmachen.

Pflanzung: November bis März
Ernte: Juli

❄❄❄ ◔ ☼ ◑

Rote Johannisbeere 'Jonkheer van Tets'

Diese bewährte, ertragreiche Sorte trägt früh in der Saison große, rote Beeren mit herb-süßem Aroma. Die langen Rispen sehen zwischen dem hellen grünen Laub hübsch aus.

Pflanzung: November bis März
Ernte: Juli

❄❄❄ ◔ ☼ ◑

Rote Johannisbeere 'Rovada'

Die späte Sorte mit guter Resistenz trägt große, rote Früchte in großer Zahl an langem Rispen, die sich zügig pflücken lassen. Die aromatischen Früchte werden gern für Desserts verwendet.

Pflanzung: November bis März
Ernte: Juli bis August

❄❄❄ ◔ ☼ ◑

Schwarze Johannisbeere 'Ben Sarek'

Wegen des kompakten Wuchses sehr gut für Kübel geeignet. Ertragreich und resistent gegen Mehltau. Die aromatischen Früchte eignen sich auch zum Einfrieren und für Marmelade

Pflanzung: November bis März
Ernte: Juli

❄❄❄ ◔ ☼

Schwarze Johannisbeere 'Ben Lomond'

Wegen der späten Blüte vor allem für kühlere Regionen zu empfehlen. Mittelfrühe, ertragreiche Sorte mit großen, aromatischen Beeren in kurzen Rispen. Etwas anfällig für Mehltau.

Pflanzung: November bis März
Ernte: Juli

❄❄❄ ◔ ☼

Erbsen und Bohnen

Erbse 'Sugar Snap'

Sie können die zarten Hülsen im Ganzen ernten oder länger an der Pflanze reifen lassen und dann die kleinen Erbsen aus den Hülsen lösen. Die Pflanzen werden bis 1,8 m hoch und müssen gestützt werden.

Aussaat: März bis Juni
Ernte: Mai bis August

❄❄ ◊ ◖ ☼

Erbse 'Ambassador'

Die kompakte Pflanze eignet sich gut für den Kübel. Trägt zahlreiche dicke Hülsen mit stumpfen Enden und zarten Erbsen. Folgesaaten in Abständen von einigen Wochen legen, um kontinuierlich zu ernten.

Aussaat: März bis Juni
Ernte: Mai bis September

❄❄ ◊ ◖ ☼

Erbse 'Waverex'

Eine unkomplizierte, sehr ertragreiche Sorte mit kompaktem Wuchs, die gut in Kübeln gedeiht. Die gekrümmten Hülsen stehen paarweise und enthalten kleine Erbsen, die man roh essen und auch sehr gut einfrieren kann.

Aussaat: März bis Juni
Ernte: Mai bis September

❄❄ ◊ ◖ ☼

Stangenbohne 'Goldfield'

Die ertragreiche Sorte trägt viele gelbe Bohnen mit ungewöhnlich flacher Form. Sie sind zart und fadenlos und bieten sich als interessante Alternative zu konventionellen Stangenbohnen an.

Aussaat: Mai bis Juni
Ernte: Juli bis September

❄ ◊ ◖ ☼

Stangenbohne 'Blue Lake'

In kleinen Gärten kann man diese ertragreiche Sorte in großen Kübeln an Stäben oder einem Rankgitter ziehen. Die Pflanzen tolerieren Trockenheit. Die Bohnen sind fadenlos und mild im Geschmack.

Aussaat: Mai bis Juni
Ernte: Juli bis Oktober

❄ ◊ ◖ ☼

Buschbohne 'Purple Queen'

Die niedrige Sorte braucht keine Stütze und ist ideal für Kübel. Die violetten, fadenlosen Hülsen sehen zwischen den Blättern interessant aus. Sie färben sich beim Kochen grün und eignen sich gut zum Einfrieren.

Aussaat: Mai bis Juni
Ernte: Juni bis September

❄ ◊ ◖ ☼

Buschbohne 'Speedy'

Die jungen, zarten Bohnen dieser kompakt und buschig wachsenden Sorte können schon etwa sieben Wochen nach der Aussaat geerntet werden – ideal für Einsteiger mit wenig Geduld.

Aussaat: Mai bis Juni
Ernte: Juni bis September

❄ ⬤ ⬤ ☀

Prunkbohne 'White Lady'

Die verlässliche Sorte bildet auch bei heißem Wetter reichlich Früchte und kann daher noch spät gesät werden. Vögel finden die weißen Blüten weniger interessant als rote und richten darum wenig Schaden an.

Aussaat: Ende Mai bis Juli
Ernte: August bis Oktober

❄ ⬤ ⬤ ☀

Prunkbohne 'Lady Di'

Langhülsige neuere Sorte mit bis zu 30 cm langen Hülsen, weitgehend ohne Fäden. Zarte mittel- bis dunkelgrüne Bohnen mit gutem Geschmack. Resistent gegen Bohnenmosaik und Brennflecken.

Aussaat: Mai bis Juni
Ernte: Juli bis Oktober

❄ ⬤ ⬤ ☀

Zwergprunkbohne 'Hestia'

Die kleinere, frühe Sorte gedeiht gut in Kübeln, braucht keine Stützen und kommt auch mit windigen Terrassen und Balkons zurecht. Auf rot-weiße Blüten folgen lange, fadenlose Bohnen, die sich gut einfrieren lassen.

Aussaat: Mai bis Juni
Ernte: Juli bis Oktober

❄ ⬤ ⬤ ☀

Prunkbohne 'Enorma'

Die geraden, schlanken, fadenlosen Bohnen dieser sehr ertragreichen Sorte können bis 50 cm lang werden. Die Sorte braucht einen großen Kübel und lange, stabile Stützen, um die Erntelast zu tragen.

Aussaat: Mai bis Juni
Ernte: Juli bis Oktober

❄ ⬤ ⬤ ☀

Prunkbohne 'St. George'

Die relativ neue Sorte hat sich als besonders ertragreich erwiesen. Sie bildet über einen langen Zeitraum hübsche, rot-weiße Blüten und knackige, saftige Bohnen mit gutem Geschmack.

Aussaat: Mai bis Juni
Ernte: Juli bis Oktober

❄ ⬤ ⬤ ☀

Wurzelgemüse

Rote Bete 'Red Ace'

Die Sorte bildet kugelförmige, gleichmäßige Wurzeln von einheitlicher Größe, die lange im Boden bleiben können, ohne holzig zu werden. Ideal für Kübel, weil sie auch trockenere Bedingungen toleriert.

Aussaat: April bis Juli
Ernte: Juni bis Oktober

❆❆❆ ◌ ☼

Rote Bete 'Burpee's Golden'

Wegen des intensiv gelben Fleisches ist diese alte Sorte besonders interessant. Die Wurzeln haben einen milden Geschmack. Sie können roh für Salate verwendet werden und eignen sich auch zum Einmachen.

Aussaat: April bis Juli
Ernte: Juni bis Oktober

❆❆❆ ◌ ☼

Rote Bete 'Chioggia'

Die rundlichen Wurzeln dieser Sorte haben eine rote Schale und weißes Fleisch mit konzentrischen, roten Ringen. Der Geschmack ist mild, süßlich und erdig. Kann roh verzehrt oder gekocht werden.

Aussaat: April bis Juli
Ernte: Juni bis Oktober

❆❆❆ ◌ ☼

Rote Bete 'Moneta'

Diese Sorte bildet aus jedem Samenkorn nur eine Pflanze, sodass meist nicht ausgedünnt werden muss. Die verlässliche, schussresistente Sorte kann früh ausgesät werden und bildet schmackhafte Wurzeln.

Aussaat: März bis Juni
Ernte: Juni bis Oktober

❆❆❆ ◌ ☼

Rote Bete 'Boltardy'

Die bewährte, alte Sorte bildet dunkelrote, kugelrunde Wurzeln mit mild-süßlichem Geschmack. Weil sie schussresistent ist, kann sie schon im März in Frühbeet oder Folientunnel ausgesät werden.

Aussaat: März bis Juli
Ernte: Juni bis Oktober

❆❆❆ ◌ ☼

Möhre 'Parmex'

Wegen der kurzen, fast kugelrunden Wurzeln, die wenig Pflanztiefe brauchen, ist dies eine günstige Sorte für den Anbau im Kübel. Kann früh ausgesät werden und hat einen köstlich süßen Geschmack.

Aussaat: März bis Mai
Ernte: Mai bis September

❆❆❆ ◌ ☼

Möhre 'Chantenay Red Cored'

Eine beliebte Sorte mit kräftigem Geschmack, kleinem Herzen und intensiver Färbung. Erste Saaten sind im Sommer erntereif. Wegen der gedrungenen Form der Wurzeln gut für die Aussaat im Kübel geeignet.

Aussaat: April bis Juni
Ernte: September bis Winter

✽✽✽ ◊ ☼

Möhre 'Rainbow'

Die Möhren in Cremeweiß, Gelb und Orange machen dem Sortennamen alle Ehre. Eine Sorte für die Haupternte. Die langen, schlanken Wurzel können in einem tiefen Kübel bleiben, bis sie benötigt werden.

Aussaat: April bis Juni
Ernte: August bis November

✽✽✽ ◊ ☼

Möhre 'Caracas'

Diese Sorte ist hervorragend für Kübel geeignet, weil sie sehr kompakt ist und kaum in die Tiefe wächst. Sie ist fest und eignet sich gut für Eintöpfe. Die Möhren haben einen süßen Geschmack.

Aussaat: April bis Juli
Ernte: Juni bis Oktober

✽✽✽ ◊ ☼

Möhre 'Cosmic Purple'

Scheiben dieser Sorte mit violetter Schale und orangefarbenem Herz sehen attraktiv aus, und der Geschmack ist angenehm süß. Bei früher Aussaat mit Vlies oder Folientunneln vor Frost schützen.

Aussaat: April bis Juli
Ernte: Juli bis November

✽✽✽ ◊ ☼

Möhre 'Adelaide'

Die Möhren sind sehr früh, knackig und fein-süß im Geschmack. Wegen ihrer geringen Länge ist die Sorte auch für einen Anbau in Kübeln gut geeignet. Je nach Lage kann schon ab Juni geerntet werden.

Aussaat: März bis Juni
Ernte: Juni bis Oktober

✽✽✽ ◊ ☼

Möhre 'Red Samurai'

Diese ungewöhnliche Sorte für die Sommerernte wurde in Japan gezüchtet. Sie sieht mit der roten Schale und dem rosa Fleisch sehr appetitlich aus. Die langen, süßen Wurzeln wachsen nur in tiefen Kübeln schön gerade.

Aussaat: April bis Juni
Ernte: Juli bis September

✽✽✽ ◊ ☼

Wurzelgemüse *Fortsetzung*

Kartoffel 'Nicola'

Die verlässliche mittelfrühe Sorte bildet zahlreiche gelbliche Knollen, die gekocht, gebacken oder gebraten gut schmecken. Relativ resistent gegen die Krautfäule, daher gut auch für feuchtere Regionen geeignet.

Pflanzung: April
Ernte: ab Juli

❄ ◌ ◓ ☼

Kartoffel 'Rosa Tannenzapfen'

Die alte, festkochende Sorte für die Haupternte bildet längliche, etwas unregelmäßige Knollen. Am besten mit der leicht rosa getönten Schale kochen. Erdiger Geschmack, beliebt als Salatkartoffel.

Pflanzung: April
Ernte: ab September

❄ ◌ ◓ ☼

Kartoffel 'Desiree'

Rotschalige, vorwiegend festkochende Sorte für die Haupternte. Vielseitig einsetzbar. Aromatisches gelbliches Fleisch. Bringt auch bei trockeneren Bedingungen zuverlässig gute Erträge.

Pflanzung: April
Ernte: ab September

❄ ◌ ◓ ☼

Kartoffel 'Charlotte'

Die beliebte mittelfrühe Sorte mit den glattschaligen gelben Knollen wird kommerziell in großem Stil angebaut. Eine hervorragende Pellkartoffel, die sich auch für den Anbau im Kübel gut eignet.

Pflanzung: April
Ernte: Juli bis August

❄ ◌ ◓ ☼

Kartoffel 'Blue Congo'

Eine interessant aussehende Sorte mit guter Krankheitsresistenz. Auch für kühlere Regionen geeignet. Wird auch 'Blauer Schwede' genannt. Die Knollen mit blau-violettem Fleisch behalten beim Kochen ihre Farbe.

Pflanzung: April
Ernte: ab September

❄ ◌ ◓ ☼

Kartoffel 'Kerr's Pink'

Die Knollen mit rosa Schale und cremeweißem, mehligem Fleisch eignen sich besonders gut für Eintöpfe und für Püree. Vielseitige, ertragreiche Sorte, die auch in Kübeln gedeiht. Gut lagerfähig.

Pflanzung: April
Ernte: ab September

❄ ◌ ◓ ☼

Kartoffel 'Swift'

Eine besonders frühe, ertragreiche Sorte, deren festkochende, weiße Knollen sich bestens für Salate eignen. Wegen der kurzen Blatt- und Blütenstiele vor allem für windige Standorte empfehlenswert.

Pflanzung: März
Ernte: Mai bis August

❄ ◌ ◑ ☼

Kartoffel 'Yukon Gold'

Das zarte, hellgelbe Innere dieser mittelfrühen Sorte ist vielseitig verwendbar, was ein Vorteil ist, wenn der Platz nur für den Anbau einer Sorte ausreicht. Die gelbschaligen Knollen lassen sich leicht schälen.

Pflanzung: April
Ernte: Juli bis August

❄ ◌ ◑ ☼

Radieschen 'French Breakfast'

Diese unkomplizierte, schnellwüchsige Sorte bildet längliche Wurzeln mit rosaroter Schale und weißer Spitze, die sich gut in Scheiben schneiden lassen. Knackig-mildes Fleisch mit dezenter Schärfe.

Aussaat: März bis Herbst
Ernte: April bis Herbst

❄❄ ◌ ◑ ☼ ☼

Radieschen 'Cherry Belle'

Ideale Sorte für Einsteiger, denn die leuchtend roten, runden Radieschen wachsen schnell und vertragen auch trockenen Boden. Milder Geschmack. Am besten jung essen, sie werden aber auch nicht so schnell holzig.

Aussaat: März bis Herbst
Ernte: April bis Herbst

❄❄ ◌ ◑ ☼ ☼

Winterrettich 'Mantanghong'

Der exotisch aussehende, aber unkomplizierte Winterrettich bildet große Wurzeln, die auch bei Kälte im Boden bleiben können. Weißlich-grüne Schale und lila-rotes Fleisch mit mildem Geschmack.

Aussaat: Juni bis Juli
Ernte: August bis Winter

❄❄❄ ◌ ◑ ☼ ☼

Radieschen 'Saxa 2'

Diese Sorte bringt mit der roten Schale und dem weißen Fleisch Farbe in Salate. Schnell erntereif, wird nur langsam holzig. Dennoch schmecken die Radieschen am besten, wenn man sie jung erntet.

Aussaat: März bis Herbst
Ernte: April bis Herbst

❄❄ ◌ ◑ ☼ ☼

Spross- und Knollengemüse

Sellerie 'Monarch'

Sellerie sollte in Haus vorgezogen und nach dem Auspflanzen reichlich gegossen werden. Diese Sorte hat eine relativ glatte Schale und cremeweißes Fleisch, das Suppen und Eintöpfen ein zartes Aroma gibt.

Aussaat: März bis April
Ernte: September bis Winter

❄❄ ◗ ☼

Kohlrabi 'Kolibri'

Diese Sorte mit Schale und Blattstielen in Violett sieht dekorativ aus, und die Knollen schmecken roh und gekocht gleichermaßen gut. Violette Sorten brauchen bis zur Erntereife generell länger als weiße.

Aussaat: März bis August
Ernte: Juni bis Herbst

❄❄ ◊ ☼

Schalotte 'Pikant'

Die hervorragende, alte Sorte wird normalerweise aus Steckzwiebeln gezogen. Sie ist ertragreich, hat einen kräftigen Geschmack und ist gut lagerfähig. Kann wegen ihrer Schussfestigkeit früh gepflanzt werden.

Pflanzung: März
Ernte: Juli bis September

❄❄❄ ◊ ☼

Lauch 'Musselburgh'

Die verlässliche Sorte bildet kräftige weiße Stangen, die gekocht süßlich schmecken. In Kübeln enger pflanzen und ganz jung ernten, dann ist der Geschmack noch milder.

Aussaat: März bis April
Pflanzung: Mai bis Juni
Ernte: November bis Februar

❄❄❄ ◊ ☼

Lauch 'Titan'

Die bewährte Sorte verträgt auch harte Winter und eignet sich gut für deftige Suppen und Eintöpfe. Während des Wachstums anhäufeln, damit die Stangen weiß bleiben.

Aussaat: März bis April
Pflanzung: Mai bis Juni
Ernte: November bis Februar

❄❄❄ ◊ ☼

Zwiebel 'Purplette'

Die vielseitige rotschalige Zwiebelsorte kann jung geerntet und als saftige Salatzutat verwendet werden. Ausgereift eignen sich die relativ kleinen, runden Zwiebeln hervorragend zum Einlegen.

Aussaat: März bis Juli
Ernte: Juni bis September

❄❄❄ ◊ ☼

Zwiebel 'Rote Braunschweiger'

Die großen, rotschaligen Zwiebeln sehen in Kübeln ebenso dekorativ aus wie in Salaten. Man kann sie im Sommer jung ernten oder ausreifen lassen und nach gründlicher Trocknung einlagern.

Aussaat: März bis April
Ernte: August bis September

❄❄❄ 💧 ☼

Frühlingszwiebel 'White Lisbon'

Eine bewährte Sorte mit weißen Zwiebeln, leuchtend grünen Blättern und kräftigem Geschmack. Leicht zu kultivieren, aber etwas anfällig für Falschen Mehltau, darum sollten die Jungpflanzen ausgedünnt werden.

Aussaat: März bis August
Ernte: Mai bis Herbst

❄❄❄ 💧 ☼

Lauchzwiebel 'Guardsman'

Wegen der langen, geraden, weißen Stängel für Salate sehr beliebt. Die robuste, unkomplizierte Sorte ist schnell erntereif. Alle zwei Wochen Folgesaaten legen, um bis in den Herbst ernten zu können.

Aussaat: März bis August
Ernte: Mai bis Herbst

❄❄❄ 💧 ☼

Gemüsefenchel

Die weißen Knollen haben einen zarten Anisgeschmack und dekoratives fiedriges Laub. Wählen Sie eine schussfeste Sorte und gießen Sie großzügig, damit sich Knollen von stattlicher Größe entwickeln.

Aussaat: Ende Mai/Juni
Ernte: Juni bis Herbst

❄❄ 💧💧 ☼

Knoblauch

Knoblauch wird aus Zehen gezogen, die man in einen großen Kübel steckt. Die Sorte 'Thermidrome' eignet sich für kühleres Klima, die Sorte 'Elefanten-Knoblauch' (oben) bildet Knollen von bis zu 10 cm Durchmesser.

Pflanzung: November und März
Ernte: Juli bis August

❄❄❄ 💧 ☼

Rhabarber

Rhabarber braucht nur einen großen Kübel und genügend Dünger und Wasser. Die frühe Sorte 'Champagne' (oben) eignet sich gut für den Kübelgarten und ergibt ein köstliches Kompott im Sommer.

Pflanzung: März oder Herbst
Ernte: Februar bis April

❄❄❄ 💧💧 ☼ ◑

Kohl, Salate und Kräuter

Grünkohl 'Redbor'

Die dunkelroten, gekräuselten Blätter, die den ganzen Winter über geerntet werden können, sehen eindrucksvoll aus. Der unkomplizierte Kohl kann auch früher geerntet werden, wenn die Blätter jung und zart sind.

Aussaat: März bis August
Ernte: Dezember bis April

❄❄❄ ○ ◐ ☼ ☀

Grünkohl 'Nero di Toscana'

Diese beliebte Sorte aus Italien ist auch als 'Toskanischer Palmkohl' oder 'Cavolo Nero' bekannt. Elegante, aufrechte Pflanzen mit dunkelgrünen Blättern, die wie Wirsing gekräuselt sind. Kräftiger Geschmack.

Aussaat: März bis August
Ernte: Dezember bis April

❄❄❄ ○ ◐ ☼ ☀

Salat 'Little Gem'

Die schnell wachsende Romana-Salat-Sorte wird kommerziell angebaut, aber frisch von der Terrasse geerntet schmecken die knackigen Blätter viel besser. Wegen der geringen Größe gut für Kübel und Hochbeete.

Aussaat: März bis Juli
Ernte: Mai bis September

❄ ○ ◐ ☼ ☀

Salat 'Mottistone'

Die ungewöhnliche Kopfsalat-Sorte trägt grüne, gewellte Blätter mit dunkelroten Sprenkeln. In Kombination mit Blumen oder anderem Gemüse sieht sie in Kübeln ausgesprochen dekorativ aus.

Aussaat: März bis Juli
Ernte: Mai bis September

❄ ○ ◐ ☼ ☀

Kopfsalat 'Lollo Rossa'

Die gekräuselten, rot gefärbten Blätter dieses Kopfsalats sind im Kübel und auf dem Teller ein hübscher Anblick. Sie können die Blätter nach Bedarf pflücken oder die Köpfe im Ganzen ernten.

Aussaat: März bis Juli
Ernte: Mai bis September

❄ ○ ◐ ☼ ☀

Kopfsalat 'Maikönig'

Die bewährte Sorte bildet große, grüne Köpfe. Die Saat ist kälteverträglich. Der kräftig schmeckende Salat kann im April geerntet werden, wenn er mit Folientunneln geschützt wurde. Am besten jung ernten.

Aussaat: März bis August
Ernte: April bis November

❄❄ ○ ◐ ☼ ☀

Feldsalat

Die milden Blattrosetten können fast ganzjährig für Salate verwendet werden. Die Pflanzen tolerieren verschiedene Bedingungen, auch Kälte, und können bis in die Wintermonate hinein geerntet werden.

Aussaat: März bis August
Ernte: Mai bis Winter

❄❄❄ ○ ◑ ☼ ◐

Radicchio

Der rote Zichoriensalat trägt glänzende, knackige Blätter mit leicht bitterem Geschmack. Die hübschen Pflanzen bilden feste Köpfe und entwickeln bei kühlerer Witterung eine intensivere Färbung.

Aussaat: Mai bis August
Ernte: Juni bis November

❄❄ ○ ◑ ☼ ◐

Senf 'Red Giant'

Die rot geäderten, pikanten Blätter werden für Salate und Wok-Gerichte verwendet. Früh gesäte Pflanzen jung ernten, weil sie schnell in Saat schießen. Später dürfen die Pflanzen ausreifen.

Aussaat: April bis Herbst
Ernte: Mai bis November

❄❄ ○ ☼

Sommerportulak

Die kleinen, würzigen Blätter der wärmeliebenden Pflanze sind eine erfrischende Salatzutat. Es gibt grün- und gelbblättrige Sorten. Beide gedeihen gut in Kübeln, brauchen aber Windschutz.

Aussaat: Mai bis Juni
Ernte: Juni bis August

❄ ○ ☼

Gartenkresse

Ideal für Schattenplätze, an denen anderes Gemüse nicht gedeiht, außerdem bedingt frostverträglich, sodass eventuell sogar bis Winter geerntet werden kann. Die dunkelgrün glänzenden Blätter schmecken pfeffrig.

Aussaat: März bis Herbst
Ernte: Juni bis Winter

❄❄❄ ◑ ◐ ☼

Essbare Chrysanthemen

Diese Chrysanthemensorte wird wegen ihrer aromatischen Blätter kultiviert, die man dünsten, an Salate und Pfannengerichte geben kann. Unkompliziert, gedeiht problemlos in Kübeln und kann über lange Zeit geerntet werden.

Aussaat: März bis August
Ernte: Mai bis Herbst

❄❄ ○ ◑ ☼ ◐

Blattgemüse, Salate und Sprossen

Mizuna
Die großen Pflanzen mit den gezähnten Blättern und dem feinen Senfaroma können vom Sommer an leicht aus Samen gezogen werden. Früher gesäte Pflanzen jung ernten, weil sie leicht in Saat schießen.

Aussaat: Mai bis Herbst
Ernte: Juli bis Winter

❋❋ ⬥◗ ☀ ◑

Salatrauke
Das unkomplizierte Gemüse mit dem leicht herb-scharfen Geschmack eignet sich gut für Einsteiger. Folgesaaten legen und regelmäßig gießen, weil die Pflanzen bei Trockenheit schnell in Saat schießen.

Aussaat: März bis Herbst
Ernte: Mai bis Winter

❋❋❋ ⬥☀ ◑

Wildrauke
Das mehrjährige, winterharte Gemüse bildet schlanke, gezackte Blätter, deren scharfes Aroma Salaten Würze verleiht. Kann meist ohne Schutz überwintern, wird auf trockenen Böden aber oft bitter.

Aussaat: März bis August
Ernte: Mai bis Winter

❋❋❋ ⬥☀ ◑

Neuseeländer Spinat
Das frostempfindliche Sommergemüse mit den spitzen, dunkelgrünen Blättern verträgt Trockenheit und intensive Sonnenhitze besser als vieles andere Blattgemüse. Milder Geschmack, ähnlich wie Spinat.

Aussaat: Mai
Ernte: Juni bis August

❋ ⬥☀

Pak Choi
Die eleganten Pflanzen mit den löffelförmigen Blättern und fleischigen Stielen sind für die asiatische Küche unentbehrlich. Neigt zum Schießen und sollte darum erst im Sommer gesät werden.

Aussaat: Juni bis August
Ernte: August bis Herbst

❋ ⬥◗ ☀ ◑

Mangold 'Lucullus'
Die so attraktive wie aromatische Mangoldsorte bildet rasch zahlreiche große, glänzende Blätter mit dicken, weißen Stielen. Größere Blätter werden gegart, kleine schmecken in Salaten hervorragend.

Aussaat: März bis August
Ernte: ganzjährig

❋❋❋ ⬥◗ ☀ ◑

Mangold 'Bright Yellow'

Die leuchtend gelben Stiele dieser kälteverträglichen Sorte sind im Kübel ein toller Blickfang. Im Spätsommer gesäte Pflanzen überstehen unter Schutz milde Winter und können im zeitigen Frühling geerntet werden.

Aussaat: März bis August
Ernte: ganzjährig

❄❄❄ ◌ ◑ ☼ ◐

Endiviensalat

Die flachen Köpfe mit hellgrünen, gekräuselten Blättern sehen hübsch aus und liefern spät im Jahr knackige Salate. Sie schmecken milder, wenn man die Köpfe vor der Ernte abdeckt, um sie zu bleichen.

Aussaat: Mai bis Juni
Ernte: August bis Herbst

❄❄ ◌ ◑ ☼ ◐

Zichorie 'Red Rib'

Diese Zichorie *(Cichorium intybus)* ist mit dem Löwenzahn verwandt und stellt keine hohen Ansprüche an die Standortbedingungen. Die leicht bitteren Blätter mit der roten Mittelrippe sehen in Salaten interessant aus.

Aussaat: April bis August
Ernte: Juni bis Herbst

❄❄❄ ◌ ☼ ◐

Chicorée 'Witloof'

Im Sommer und Herbst lässt man die langen, dicken Wurzeln wachsen, um sie dann im Winter im Dunkeln zu treiben. Die schlanken, festen, zartbitteren Köpfe sind eine beliebte Zutat zu winterlichen Salaten.

Aussaat: Mai bis Juni
Ernte: Winter

❄❄❄ ◌ ☼ ◐

Basilikum-Sprossen 'Dark Opal'

Es ist ganz einfach, Keimsprossen im Haus zu ziehen. Dieses Basilikum hat violette Blättchen und Stiele und ein süßliches Anisaroma. Gut geeignet zum Garnieren von Nudelgerichten und Salaten.

Aussaat: ganzjährig
Ernte: ganzjährig

◌ ☼

Rauke-Sprossen 'Victoria'

Die winzigen Blätter mit dem pikanten Aroma schmecken gut in Salaten oder auf belegten Broten. Keimsprossen können ganzjährig auf der Fensterbank gezogen werden. Viel Platz ist dafür nicht nötig.

Aussaat: ganzjährig
Ernte: ganzjährig

◌ ☼

Fruchtgemüse

Aubergine 'Black Beauty'

Die ertragreiche Sorte bildet viele ovale Früchte mit glänzender Schale in dunklem Violett. Gedeiht, wie alle Auberginen, am besten in voller Sonne, im Gewächshaus oder auf der Fensterbank. Muss gestützt werden.

Aussaat: März bis Mai
Ernte: Juli bis September

❄ ◌ ☼

Aubergine 'Bonica'

Die kompakten Pflanzen dieser ausgezeichneten Sorte eignen sich sehr gut für die Pflanzung in Kübeln. Sie bilden zahlreiche Früchte in dunklem Violett, die im Gewächshaus rasch heranreifen.

Aussaat: März bis Mai
Ernte: Juli bis September

❄ ◌ ☼

Aubergine 'Melanzana Viserba'

Die ungewöhnlich schlanken, fast schwarzen Früchte dieser Sorte sehen interessant aus und schmecken köstlich. Trägt zuverlässig im Gewächshaus oder an einem geschützten Sonnenplatz im Freien.

Aussaat: März bis Mai
Ernte: Juli bis September

❄ ◌ ☼

Aubergine 'Rosa Bianca'

Diese Sorte für Feinschmecker trägt rundliche, eiförmige Früchte mit hell fliederfarbener Schale. Ein schöner Blickfang für einen Kübel im Gewächshaus oder auf einer sonnigen Fensterbank.

Aussaat: März bis Mai
Ernte: Juli bis September

❄ ◌ ☼

Zucchini 'Black Forest'

Die wohlschmeckende Frucht breitet sich im Kübel schnell aus. Die Pflanzen klettern an Zäunen, Spalieren oder stabilen Stützen in die Höhe und tragen zahlreiche dunkelgrüne Früchte.

Aussaat: April bis Juni
Ernte: Juni bis September

❄ ◌ ☼

Zucchini 'Jemmer'

Mit ihren knallgelben Früchten ist diese Sorte eine hübsche Wahl für Kübel auf der Terrasse. Die Früchte heben sich gut gegen das Laub ab, sodass man sie kaum übersehen und versehentlich zu groß werden lassen kann.

Aussaat: April bis Juni
Ernte: Juni bis September

❄ ◌ ☼

Zucchini 'Parador'

Diese Sorte trägt schon früh in der Saison leuchtend gelbe Früchte, die stetig nachgebildet werden, wenn man regelmäßig erntet, solange sie jung und knackig sind. Eine sehr dekorative Sorte für den Kübel.

Aussaat: April bis Juni
Ernte: Juni bis September

❄ ◌ ☼

Zucchini 'Zuboda'

Die dunkelgrünen, glatten Früchte der verlässlichen, ertragreichen Sorte reifen etwa zwei Wochen früher als die vieler anderer Sorten. Wegen des kompakten Wuchses besonders gut für die Pflanzung im Kübel geeignet.

Aussaat: April bis Juni
Ernte: Juni bis September

❄ ◌ ☼

Zucchini 'Eight Ball'

Dies ist eine ausgefallene Sorte, die dunkelgrüne, kugelrunde Früchte bildet. Wie alle Zucchini schmecken sie jung am besten. Ernten Sie, wenn die Früchte ungefähr so groß wie Billardkugeln sind.

Aussaat: April bis Juni
Ernte: Juni bis September

❄ ◌ ☼

Gurke 'Marketmore'

Die ertragreiche Gurkensorte gedeiht auch im Kübel, allerdings braucht sie ein Rankgitter oder zeltartig aufgestellte Stangen. Die Pflanzen tragen dunkelgrüne Früchte bis 20 cm Länge und sind virusresistent.

Aussaat: April bis Juni
Ernte: Juni bis September

❄ ◌ ☼

Gurke 'La Diva'

Die unkomplizierte, ertragreiche Sorte bildet an einem warmen, sonnigen Platz im Freien den ganzen Sommer lang kleine, saftige Früchte mit mildem Geschmack und weitgehend glatter Schale.

Aussaat: April bis Juni
Ernte: Juni bis September

❄ ◌ ☼

Gurke 'Kristallapfel'

Die runden Früchte mit leicht stacheliger, hellgelber Schale sehen interessant aus. Sie sind saftig und mild im Geschmack. An einem warmen Platz im Freien aufstellen und die Pflanzen stützen.

Aussaat: April bis Juni
Ernte: Juni bis September

❄ ◌ ☼

Fruchtgemüse *Fortsetzung*

Gurke 'Cucino'

Die ertragreiche Sorte bildet viele kleine, saftige Früchte. Am besten im Gewächshaus oder an einem Südfenster vorziehen. Im Sommer kann man sie auch in einen Kübel im Freien pflanzen.

Aussaat: März bis Juni
Ernte: Juni bis September

❄ ◌ ☼

Gurke 'Bella'

Diese wuchsfreudige Sorte sollte im Gewächshaus vorgezogen werden. Sie trägt zahlreiche Salatgurken mit glatter Schale und mildem Geschmack. Kübelgärtner ernten, bevor sie groß werden.

Aussaat: April bis Juni
Ernte: Juni bis September

❄ ◌ ☼

Gurke 'Gherkin'

Eine saftige Sorte, die wegen ihres kompakten Wuchses und des reichen Fruchtansatzes sehr gut für Kübel auf Balkon oder Terrasse geignet sind. Die stachelige Sorte braucht allerdings einen sonnigen Ort.

Aussaat: April bis Juni
Ernte: Juni bis September

❄ ◌ ☼

Paprika 'Mini Bell'

Die dekorativen, kompakten Pflanzen sind für Kübel auf der Terrasse wie geschaffen. Sie tragen früh in der Saison füllige, milde Früchte, die von orange über rot bis schokoladenbraun heranreifen.

Aussaat: März bis April
Ernte: Juni bis September

❄ ◌ ☼

Paprika 'Mohawk'

Wegen des niedrigen Wuchses ist auch dies eine hervorragende Sorte für den Kübel. Besonders schön sieht sie aus, wenn die gelben Früchte reif werden. In milden Regionen kann sie im Freien stehen.

Aussaat: März bis April
Ernte: Juli bis September

❄ ◌ ☼

Paprika 'Gypsy'

Dies ist eine ertragreiche, milde Paprikasorte mit bis zu 10 cm langen Früchten, die von gelblichem Grün zu Rot heranreifen. Weil sie eine dünne Schale haben, eignen sie sich hervorragend für Salate und zum Grillen.

Aussaat: ab April
Ernte: Juli bis September

❄ ◌ ☼

Gemüsepaprika 'Alma Paprika'

Die ungewöhnlich breiten Früchte dieser Sorte reifen von Cremeweiß zu Rot. Sie haben einen süßlichen Geschmack und eine milde Schärfe. Zum frisch Essen, zum Kochen und zum Trocknen für den Vorrat.

Aussaat: ab April
Ernte: Juli bis September

❄ ◌ ☼

Chilipaprika 'Aji Amarillo'

Die länglich-spitzen Früchte dieser südamerikanischen Sorte sind voll ausgereift gelb. Sie sind mittelscharf und eignen sich gut für Salsas. Wie jede Chilipaprika gedeiht sie am besten im Haus oder Gewächshaus.

Aussaat: ab April
Ernte: Juli bis September

❄ ◌ ☼

Chilipaprika 'Cherry Bomb'

Leuchtend rote, runde Früchte hängen wie Tannenbaumkugeln an den hohen Pflanzen. Die dickschaligen Früchte sind mittelscharf. Sie können für Salsas und als Gemüsebeilage verwendet werden.

Aussaat: ab April
Ernte: Juli bis September

❄ ◌ ☼

Chilipaprika 'Hungarian Hot Wax'

Die attraktive, buschig wachsende Sorte trägt spitz zulaufende Früchte, die anfangs mild und gelb sind. Mit der Reife färben sie sich rot und werden scharf. Ins Gewächshaus oder auf eine sonnige Fensterbank stellen.

Aussaat: ab April
Ernte: Juli bis September

❄ ◌ ☼

Sommerkürbis 'Sunburst'

Die leuchtend gelben Früchte, auch Ufo-Kürbisse genannt, sind in Kübeln und Hochbeeten ein origineller Blickfang. Sie sind eng mit den Zucchini verwandt und werden wie diese zubereitet.

Aussaat: April bis Juni
Ernte: Juni bis September

❄ ◌ ☼

Sommerkürbis 'Custard White'

Die ungewöhnlich geformten, weißlich grünen Früchte sollte man jung ernten. Sie können sogar roh genossen oder gegart werden. Wie Zucchini sind sie leicht zu kultivieren und sehr ertragreich.

Aussaat: April bis Juni
Ernte: Juni bis September

❄ ◌ ☼

Fruchtgemüse *Fortsetzung*

Sommerkürbis 'Little Gem Rolet'

Die kletternde Sorte bringt gute Erträge runder, gelbfleischiger Früchte mit dunkelgrüner Schale, die ausgezeichnet schmecken und sich gut lagern lassen. An stabilen Rankgittern oder Stangen ziehen.

Aussaat: April bis Juni
Ernte: Juni bis September

❄ ◌ ☼

Winterkürbis 'Sweet Dumpling'

Eine empfehlenswerte Sorte für kleine Gärten. Die Pflanzen brauchen eine Kletterhilfe, sind aber nicht so wüchsig wie ihre großen Verwandten. Die kleinen, dunkelgrün gestreiften Früchte haben helles Fruchtfleisch.

Aussaat: April bis Juni
Ernte: August bis Oktober

❄ ◌ ☼

Winterkürbis 'Uchiki Kuri'

Die schnell wachsenden Pflanzen brauchen einen großen Kübel, viel Wasser und Dünger. Dafür liefern sie große, orange-rote Früchte mit nussigem Geschmack, die sich gut sehr lange lagern lassen.

Aussaat: April bis Juni
Ernte: August bis Oktober

❄ ◌ ☼

Tomate 'Marmande'

Die gerippten Früchte dieser Fleischtomatensorte haben bei Vollreife einen intensiven Geschmack. Sie brauchen konstante Wärme und gedeihen nur in warmen Regionen im Freien. Wenn es kühler ist, ins Gewächshaus stellen.

Aussaat: März bis April
Ernte: August bis Oktober

❄ ◌ ☼

Tomate 'Sungold'

Diese beliebte Kirschtomatensorte bildet lange Rispen mit kleinen, unglaublich süßen Früchten. Muss gestützt und ausgegeizt werden. Gedeiht gut im Kübel, braucht viel Sonne.

Aussaat: März bis April
Ernte: Juli bis Oktober

❄ ◌ ☼

Tomate 'Tigerella'

Diese ungewöhnliche Sorte trägt orange-rote Früchte mit gelben und grünen Streifen, die früh in der Saison reifen. Die hohen Pflanzen müssen gestützt und im Freien im Frühjahr mit Folie abgedeckt werden.

Aussaat: März bis April
Ernte: Juli bis Oktober

❄ ◌ ☼

Tomate 'Country Taste'

Diese Fleischtomate trägt große, festfleischige Früchte mit vollem Geschmack, die man gut in Scheiben schneiden kann. Auch zum Grillen prima geeignet. Weil sie hoch wird, muss sie gestützt werden.

Aussaat: März bis April
Ernte: August bis Oktober

❄ ◊ ☀

Tomate 'Black Krim'

Eine alte Sorte mit großen, fleischigen Früchten, die sich in der Vollreife rötlich-violett färben. Sie reifen früh und haben einen köstlich süßen Geschmack. Die Pflanzen sollten gestützt werden.

Aussaat: März bis April
Ernte: Juli bis Oktober

❄ ◊ ☀

Tomate 'Black Cherry'

Eine gute Wahl für einen Kübel im Freien. Die Kirschtomate trägt zahlreiche süße, saftige Früchte, die in der Vollreife ins Violette tendieren. Sie wird hoch und benötigt Stützen. Gedeiht auch im Gewächshaus.

Aussaat: März bis April
Ernte: Juli bis Oktober

❄ ◊ ☀

Tomate 'Tumbler'

Die ertragreiche Kirschtomate wächst ausladend über den Rand von Kübeln und Ampeln. Sie kommt ohne Stützen aus. Die kleinen roten Früchte sehen auf Terrasse und Balkon toll aus und schmecken ausgezeichnet.

Aussaat: März bis April
Ernte: Juli bis Oktober

❄ ◊ ☀

Zuckermais

Die hohen, eleganten Pflanzen brauchen viel Wärme, um gute Erträge zu bringen. Zur besseren Bestäubung werden sie in dichten Gruppen gepflanzt. 'Lark' ist eine Sorte mit besonders hohem Zuckergehalt.

Aussaat: April bis Juni
Ernte: August bis September

❄ ◊ ☀

Babymais

Die kleinen Kolben stammen von normalen Maispflanzen. Sie werden unreif geerntet, sobald sich die seidigen Härchen zeigen. Weil keine Bestäubung nötig ist, müssen die Pflanzen nicht sehr dicht stehen.

Aussaat: April bis Juni
Ernte: Juni bis August

❄ ◊ ☀

Kräuter

Basilikum

Gedeiht auf der Fensterbank oder an einem warmen Platz im Freien. Lohnend sind der Klassiker 'Sweet Genovese' (links), 'Purple Delight' (rechts) mit dunklen Blättern oder, mit besonders viel Aroma, 'Siam Queen'.

Aussaat: März bis Juli
Ernte: Mai bis November

❄ ◊ ☼

Schnittlauch

Im Frühling kann man das mehrjährige Kraut mit dem milden Zwiebelaroma aussäen oder ältere Pflanzen teilen. Die hübschen Kugelblüten in hellem Violett erscheinen im Sommer und sind ebenfalls essbar.

Aussaat: März bis Mai
Ernte: März bis November

❄❄❄ ◊ ◐ ☼ ☼

Koriander

Koriander ist leicht aus Samen zu ziehen. Legen Sie aber Folgesaaten, weil er leicht in Saat schießt. Wer für asiatische Gerichte hauptsächlich die Blätter ernten möchte, sollte die Sorte 'Calypso' wählen.

Aussaat: März bis August
Ernte: Mai bis September

❄❄❄ ◊ ☼ ☼

Fenchel

Fenchel ist eine relativ winterharte Staude mit feinstgefiederten grünen oder bronzefarbigen Blättern. Er kann bis 1,8 m hoch werden und sieht zwischen Nutzpflanzen ebenso dekorativ aus wie im Ziergarten.

Aussaat: März bis Mai
Ernte: Mai bis September

❄❄❄ ◊ ☼

Minze

Die winterharte, mehrjährige Minze gedeiht im Gegensatz zu anderen Kräutern auch im feuchten Schatten. Weil sie wuchert, ist sie im Kübel am besten aufgehoben, muss aber häufig gegossen werden.

Pflanzung: März bis Mai
Ernte: Mai bis September

❄❄❄ ◊ ☼

Majoran

Winterharter Majoran treibt auf durchlässigem Boden Jahr für Jahr wieder aus. Er ist unkompliziert, in der Küche vielseitig zu verwenden, und die runden, hellgrünen Blätter sind als Beetkante oder im Kübel hübsch.

Aussaat: April bis Juni
Ernte: Mai bis November

❄❄❄ ◊ ☼ ☼

Krause Petersilie

Die hübschen Pflanzen bilden viele leuchtend grüne, fein gekräuselte Blätter, die bis zum Einbruch des Winters geerntet werden können. Jedes Jahr neu aussäen, weil sie im zweiten Standjahr blüht und dann abstirbt.

Aussaat: März bis Mai
Ernte: ganzjährig

❄❄❄ ◊ ◑ ☼ ◑

Glatte Petersilie

Viele Köche bevorzugen diese Form, weil sie sich leichter waschen und hacken lässt. Sie kann leicht aus Samen gezogen werden. Im Sommer ins Freie stellen, im Winter auf die Fensterbank im Haus holen.

Aussaat: März bis Mai
Ernte: ganzjährig

❄❄❄ ◊ ◑ ☼ ◑

Rosmarin

Der immergrüne Strauch mit den schmalen Blättern fühlt sich in Kübeln wohl, muss im Winter aber ins Haus gestellt werden. Die Blätter können dann ganzjährig geerntet werden. Im Frühling trägt er hellblaue Blüten.

Pflanzung: April bis Juni
Ernte: ganzjährig

❄ ◊ ☼

Salbei

Den Strauch gibt es in etlichen Varietäten. Er überdauert normale Winter problemlos. Die Blätter sind flaumig und sehr aromatisch. Gedeiht gut im Kübel. Die Triebspitzen ausknipsen, damit er buschig wächst.

Pflanzung: April bis Juni
Ernte: ganzjährig

❄❄❄ ◊ ☼

Russischer Estragon

Winterhart und leicht aus Samen zu ziehen. Französischer Estragon schmeckt noch aromatischer, ist aber schwierig zu bekommen. Die Pflanzen wachsen schnell und müssen regelmäßig gestutzt werden.

Aussaat: März bis August
Ernte: Mai bis Herbst

❄❄❄ ◊ ☼

Thymian

Es gibt viele Thymianarten mit unterschiedlichen Wuchsformen, Duft- und Geschmacksrichtungen. Alle gedeihen gut in Kübeln mit durchlässiger Erde. Meist winterhart. Im Juni tragen sie viele kleine Blüten.

Aussaat / Pflanzung: Mai
Ernte: ganzjährig

❄❄ ◊ ☼

Register

Register *Fortsetzung*

Bezugsquellen

Saatgut kann man heute über das Internet meist problemlos auch bei ausländischen Anbietern bestellen. Wer Jungpflanzen bestellen möchte, sollte bedenken, dass sie längere Transportwege nicht immer unbeschadet überstehen.

Saatgut & Jungpflanzen

Bio-Saatgut Gaby Krautkrämer
Eulengasse 2
55288 Armsheim
Tel. +49 (0)6734 91 55 80
www.bio-saatgut.de

Dreschflegel GbR
In der Aue 31
37213 Witzenhausen
Tel. +49 (0)5542 50 27 44
www.dreschflegel-saatgut.de

Magic Garden Seeds
c/o Andreas Fái-Poszár
Regerstraße 3
93053 Regensburg
Tel. +49 (0)941 945 58 15
www.magicgardenseeds.de

Gärtnerei Naturwuchs
Bardenhorst 15
33739 Bielefeld
Tel: +49 (0)521 988 17 78
www.naturwuchs.de

Gärtner Pötschke
Beuthener Straße 4
D-41561 Kaarst
Tel: +49 (0)1805 86 11 00
www.poetschke.de

re-natur KräuterPark
Am Pfeifenkopf 9
D-24601 Stolpe
Tel: +49 (0)4326 28 93 90
Bestellungen:
re-natur GmbH
Charles-Roß-Weg 24
D-24601 Ruhwinkel
Tel: +49 (0)4323 90 100
www.re-natur.de

Rühlemanns Kräuter & Duftpflanzen
Auf dem Berg 2
27367 Horstedt
Tel: +49 (0)4288 92 85 58
www.ruehlemanns.de

Samenshop24
Kirchdorfer Straße 177
D-26605 Aurich
Tel: +49 (0)4941 97 25 46
www.samenshop24.de

Thompson & Morgan (UK) Ltd
Poplar Lane
Ipswich
Suffolk
England, IP8 3BU
Tel: +44 (0)1473 69 52 25
www.thompson-morgan.de
Bestellungen von Saatgut und Zubehör sind über die deutschsprachige Website möglich. Lebende Pflanzen liefert das britische Unternehmen nicht ins Ausland.

Obstgehölze

Baldur-Garten Gmbh
Albert-Einstein-Allee 4–6
64625 Bensheim
Tel: +49 (0)1805 10 35 55
www.baldur-garten.de

Baumschule König
Teichgarten 17
31033 Brüggen
Tel: +49 (0)1805 12 98 76
www.obstbaum-koenig.de

Schwerdtfeger Obstbaumschulen
Ziegeleiweg 1
D-25560 Warringholz
Tel: +49 (0)4892 527
www.alte-obstsorten-online.de

Pflanzgefäße & Gartenzubehör

Country Garden
ESH-Rhenania GmbH
Im Weidboden 12
57629 Norken
Tel: +49 (0)2661 940 52 43
www.country-garden.de
Pflanzgefäße, Hanging Baskets, Rankhilfen, Gartenwerkzeuge und mehr

Gartenbedarf-Versand
Inh. Richard Ward e. K.
Günztalstr. 22
87733 Markt Rettenbach
Tel: +49 (0)83 92 16 46
www.gartenbedarf-versand.de
Pflanzgefäße, Gartenwerkzeuge, Zubehör für Anzucht und Pflege

Harrod Horticultural (UK)
Tel: +44 (0)845 402 5300
www.harrodhorticultural.com
Pflanzgefäße, Pflanzsäcke, Gartenwerkzeug

E. Kirschke GmbH
An der Mühlenau 11
25421 Pinneberg
Tel: +49 (0)4101 84 56 7-0
www.kirschke.net
Hersteller von Pflanzgefäßen verschiedenen Typs

Lechuza
geobra Brandstätter GmbH & Co. KG
Brandstätterstr. 2–10
90513 Zirndorf
Tel: +49 (0)911 96 66 16 60
www.lechuza.de
Moderne Pflanzgefäße mit Bewässerungssystem

Dank

Der Verlag dankt den folgenden Personen und Institutionen für die freundliche Genehmigung zum Abdruck von Abbildungnen:

(o = oben; u = unten; l = links; r = rechts; M = Mitte)

4 Dorling Kindersley: Airedale (or, ur). **9** GAP Photos: Friedrich Strauss (or). The Garden Collection: Nicola Stocken Tomkins (Mlu). **10** GAP Photos: J S Sira (Mr). **11** Marianne Majerus Garden Images: MMGI (uM). **12–13** Marianne Majerus Garden Images: MMGI (oM). **13** GAP Photos: Friedrich Strauss (ul, ur). **14** Marianne Majerus Garden Images: MMGI / Bennet Smith (or). **20** Victoriana Nursery Gardens/ Stephen Shirley: (Mro). **22** GAP Photos: Friedrich Strauss (ul). **25** GAP Photos: Paul Debois (ur). **27** GAP Photos: Janet Johnson (or). **28** GAP Photos: Lee Avison (ur); Friedrich Strauss (uM). **32–33** GAP Photos: Michael Howes (M). **44** Photolibrary: Gavin Kingcome (ur). **46** GAP Photos: Graham Strong (ul). **47** Suttons Seeds: (ur). **52** GAP Photos: Jonathan Buckley (or). **53** Dorling Kindersley: Vanessa Hamilton (or). **54** GAP Photos: Maxine Adcock (ur). **55** Dorling Kindersley: Vanessa Hamilton (ol). **63** Dorling Kindersley: Alan Buckingham (or). **64** Dorling Kindersley: Alan Buckingham (ul, uM, ur). **65** GAP Photos: Paul Debois (ur). **80** Dorling Kindersley: Airedale (ol). Amanda Jensen: (ur). **82** Dorling Kindersley: Vanessa Hamilton (ur). **103** Alamy Images: blickwinkel (ul). Dorling Kindersley: Kim Taylor (Mro). FLPA: Nigel Cattlin (ur). **104** GAP Photos: Dave Bevan (Mlo). **105** Corbis: Peter Reynolds / Frank Lane Picture Agency (oM). GAP Photos: Dave Bevan (ul). Getty Images: Dea / L. Andena (Mlo). Royal Horticultural Society: (ur). **107** GAP Photos: Dave Bevan (ul, Mlo). Royal Horticultural Society: (ur); John Trenholm (Mro). **108** FLPA: Nigel Cattlin (Mlo). GAP Photos: Dave Bevan (Mro). Royal Horticultural Society: (ur). Science Photo Library: Dr Jeremy Burgess (uM). **109** FLPA: Nigel Cattlin (ur). Royal Horticultural Society: (Mlo, oM, ul). **112** Dorling Kindersley: Alan Buckingham (Mlo, Mro). GAP Photos: Paul Debois (oM). **113** Dorling Kindersley:

Alan Buckingham (Mlo, oM, Mro, ul, ur). Victoriana Nursery Gardens/Stephen Shirley: (uM). **114** Dorling Kindersley: Alan Buckingham (Mlo, oM, Mro, ul). **115** Dorling Kindersley: Alan Buckingham (oM). GAP Photos: Lee Avison (ul, Mro); Friedrich Strauss (uM). Garden World Images: MAP / Frédéric Didillon (Mlo). Victoriana Nursery Gardens/Stephen Shirley: (ur). **116** Dorling Kindersley: Alan Buckingham (Mlo, ul, ur). **117** Dorling Kindersley: Alan Buckingham (oM, ul, ur). Victoriana Nursery Gardens/Stephen Shirley: (Mlo). **118** Dorling Kindersley: Alan Buckingham (Mlo, oM, Mro, ul, uM, ur). **119** Dorling Kindersley: Alan Buckingham (oM, Mro, ul). GAP Photos: Lee Avison (Mlo); Paul Debois (uM). Victoriana Nursery Gardens/Stephen Shirley: (ur). **120** Suttons Seeds: (oM, ur). Victoriana Nursery Gardens/Stephen Shirley: (uM). **121** GAP Photos: Lynn Keddie (oM). Suttons Seeds: (Mlo, Mro, ul, ur). **122** GAP Photos: Graham Strong (ur). Suttons Seeds: (ul, uM). Victoriana Nursery Gardens/Stephen Shirley: (oM). **123** GAP Photos: Martin Hughes-Jones (ur). Suttons Seeds: (Mlo, oM). Thompson & Morgan: (uM). Victoriana Nursery Gardens/Stephen Shirley: (ul). **124** Thompson & Morgan: (uM). **125** Marshalls Seeds: (Mlo). Suttons Seeds: (uM, ur). **126** Marshalls Seeds: (uM, ur). Suttons Seeds: (ul). **127** Dorling Kindersley: Airedale (ul). Marshalls Seeds: (Mro). Thompson & Morgan: (oM). Victoriana Nursery Gardens/Stephen Shirley: (Mlo). **128** Marshalls Seeds: (Mlo, oM). **131** Photolibrary: Juliette Wade (Mro). Suttons Seeds: (ul, uM, ur). **132** The Cook's Garden: (ul). GAP Photos: Graham Strong (uM). Victoriana Nursery Gardens/Stephen Shirley: (Mlo, ur). 133 Suttons Seeds: (ul). Victoriana Nursery Gardens/Stephen Shirley: (oM, Mro, uM, ur). **134** Dorling Kindersley: Airedale (ur). Suttons Seeds: (oM). Thompson & Morgan: (ul, uM). Victoriana Nursery Gardens/Stephen Shirley: (Mro). **135** Dorling Kindersley: Airedale (uM). GAP Photos: Jonathan Buckley (ur). **136** Dorling Kindersley: Airedale (Mlo, oM, ul). Victoriana Nursery Gardens/Stephen Shirley: (uM). **137** Dorling Kindersley: Airedale (Mro, ul). Victoriana Nursery Gardens/ Stephen Shirley: (oM)

Coverfotos:
Vorn: GAP Photos (oM)/John Glover
Hinten: GAP Photos/Graham Strong

Alle anderen Abbildungen © Dorling Kindersley
Weitere Informationen unter **www.dkimages.com**

Dorling Kindersley dankt außerdem:

Jane Coulter für die Erstellung des Registers.

Marshalls, **Suttons Seeds**, **Thompson & Morgan** und **Victoriana Nursery Gardens** für die Bereitstellung vom Bildmaterial.

Suttons Seeds und **Thompson & Morgan** für die Bereitstellung von Saatgut und Pflanzen.

Harrod Horticultural für die Bereitstellung von Pflanzgefäßen und Pflanzsäcken für die Fotos (siehe Seite 143).